¡Libertad a los Niños! ¡La VICTORIA es de ellos!
¡NO A LA ALINEACIÓN PARENTAL!

TÍTULO

¡LIBERTAD A LOS NIÑOS!
¡LA VICTORIA ES DE ELLOS!

SUBTÍTULO

"NO A LA ALIENACIÓN PARENTAL"

AUTOR: ALICIA GARCÍA ORTIZ

PREFACIO

Hoy 9 de agosto de 2021 inicio mi texto con una gran tristeza en mi corazón, me siento asfixiada, el aire a mi alrededor no me es suficiente para deshacer el dióxido de carbono que hace más fatigosa mi respiración; el dolor es profundo y escribo en un intento de visibilizar a la ***INDIFERENCIA***, así es. A la indiferencia que se vive en los Juzgados de Primera Instancia en Materia Familiar del Estado de Querétaro México, como una pálida imagen de lo que ocurre en todo el país, en el continente, en el mundo entero.

Esa indiferencia que trastoca las vidas, que impacta a las personas invisibilizándolas, desintegrándolas, pulverizándolas en menos que la nada; allí donde las instituciones responsables de ejercer y cumplir la justicia, se despersonalizan así mismas en el entramado de la legalidad; las personas cobran un matiz traslúcido, difuminado, quedando el vacío y sinsentido de la vida. Todos esos seres que van en búsqueda de ser escuchados con o sin motivo, son reducidos a expedientes, cuadernos, folios, promociones, acuerdos, entre otros.

Todo bajo la legalidad, bajo un marco jurídico que regula y norma las acciones de la parte actora, promoventes, demandados, implicados, autoridades y más.

¡Libertad a los Niños! ¡La VICTORIA es de ellos!
¡NO A LA ALINEACIÓN PARENTAL

En aras del Estado de Derecho se violenta la vida de la infancia, por la elección de un Otro que no quiere dialogar, escuchar, conciliar. Luego entonces se antepone a los niños, niñas y jóvenes el deseo mezquino de venganza y odio; la fragilidad de los seres inocentes de mirada tierna y corazón puro se resquebraja, no sólo su espíritu sino también su inocencia. Su aura se rasga ante el engaño y la mentira, las demandas falsas contra quien representa a un Otro a quien se le aborrece, detesta, se le abomina; de allí que se le quiera aniquilar, la muerte simbólica es anunciada cuando el dialogo se quiebra y la justicia ciega, literalmente perturbada, desequilibrada; se ha extraviado ante el volátil, explosivo y estrepitoso estrago que ha dejado la no comunicación entre las partes.

Va también para los hombres y mujeres que muestran el profundo **DESCOMPROMISO** por la vida, anteponiendo su venganza, el resentimiento, el rencor, antes que el amor a sus hijos, envenenando con mentiras, injurias, vilipendiando la vida del Otro por la obnubilada visión y cerrazón a dialogar sin darse cuenta que cobra el precio más alto que puede pagar la infancia, la inocencia de los niños, niñas y jóvenes a quienes les es arrancada y con ello se traza el destino de su vida; una vida que es reducida a juicio, procesos y sentencias.

¿Dónde ha quedado el compromiso por la vida? ¿Dónde está el Amor? ¿Por qué tanto sentimiento vuelto ira y aniquilamiento?

¡Libertad a los Niños! ¡La VICTORIA es de ellos!
¡NO A LA ALINEACIÓN PARENTAL

El descompromiso ha dejado a nuestra infancia hondamente agraviada, desconsolada, abandonada, desatendida e indefensa; ese es el fruto del NO compromiso con la vida.

Profesar y conducirse con justicia debiese ser con-natural al ser humano, si tan solo la conciencia que nos ha sido donada por el Universo fuese escuchada desde el centro del corazón, regalo dado a todos sin excepción, la sabiduría que existe en donde se cultiva el amor y se respira el sentimiento que emana de él.

El camino se fue desviando cuando se abre la boca y se mueve la lengua para proferir falsedades, injurias, excitando al aborrecimiento, a la repulsión; abriendo el oído a la murmuración, a la mentira, al ruido sin cesar del eco de mil voces a la vez, ensoberbeciendo al Ego que se engolosina con la falsa idea en que fue culturizado, pensado, racionalizado, sujetado a categorías epistemicidas que simulan el pensamiento homogéneo, tazado, racional, parametral, instituyendo realidades que nos son ajenas e impuestas por lo que no son propias como la diferencia de género, estratificación humana, la tolerancia como valor, la inclusión como política, el desempoderamiento de la persona a través de los medios, de la instrucción, de proyectos que nos dividen aún más y muchos otros hasta llevarnos a la ***INJUSTICIA.***

¡Libertad a los Niños! ¡La VICTORIA es de ellos!
¡NO A LA ALINEACIÓN PARENTAL

Por ello este texto breve pretende visibilizarla como la huella que queda en la vida de nuestros niños, niñas y jóvenes rehenes de quienes debiesen velar por ellos, negándoles el derecho que la vida les dio al venir a este mundo; para dar, recibir y compartir el Amor, el amor paterno, el amor materno, el amor filial, el amor ágape, el amor a la vida.

¡Dejad de interpretarles!... ¡Amarles, eso es Todo!

Abuela de Vicky

DEDICATORIA

Este texto es un regalo que nace del corazón de una abuela que está llena de amor por VICTORIA, mi amada y hermosa nieta; quien nació el día en que su Abuela Materna y YO -Abuela Alicia- venimos a este mundo; cuando nos parió a ambas nuestra madre. Tus abuelas teníamos la semilla sembrada en nuestro cuerpo de que un Ser bellísimo, grandioso, excepcional, inconmensurablemente hermoso vendría a la Tierra; a esta Casa y Jardín de la Humanidad.

VICTORIA, tú eres la promesa de vida, la promesa que Tú, mi niña adorada, vendrías a este mundo para alumbrarlo y crear nuevas posibilidades de vida para que este mundo pueda ser mejor. Tú eres el fruto de la promesa que el universo cumplió al alumbrar al mundo el día de tu nacimiento 4 de octubre 2016, para mostrar que la energía serenísima del amor es eterna, inagotable e infinita que nos une a pesar del tiempo y la distancia; no existe desamor, ni falso testimonio que acabe con el amor entre Tú y Yo, entre Tu Padre y Tú -Mi amado hijo Juan quien ha padecido los embates de tu ausencia- todos te amamos, todos te queremos.

¡Libertad a los Niños! ¡La VICTORIA es de ellos!
¡NO A LA ALINEACIÓN PARENTAL

El Amor no puede ser derrotado, no existe nada en el cosmos que aniquile el amor porque la Fuente Divina es el Amor y de ella emerge. Tú, yo, nosotros, ellos, todos sin excepción alguna somos el amor; solo que algunas personas no han descubierto que está dentro de ellos corriendo luz en su cuerpo. ¡Dejadlo que irradie!

¿Quién habla en nombre de la infancia? ¿Quién se pronuncia en nombre de la infancia? ¿Quién vela por la infancia? ¿A dónde huyó y se escondió el Derecho de la Infancia? ¿A dónde han orientado a los niños y a las niñas? ¿Qué camino se les obliga andar? ¿Habrá un valiente, un audaz, un esforzado que se arroje a quitar el lienzo para descubrir los ojos de la justicia ciega? ¿Acaso se encuentra secuestrada y aprisionada en la Caverna de Platón? ¿Quizás quedó cegada al ver el mundo real y la luz resplandeciente que optó por cubrirse los ojos al sentir dolor? ¿O es que es así de dura y fría como material con el que se le ha erigido a la justicia rindiendo culto al fierro, mármol, madera o hierro antes que al corazón de la humanidad? o ¿Será que es demasiado razonable, tan razonable hasta imponerse por la fuerza la razón mediante el discurso legal en aras del derecho?

¡Libertad a los Niños! ¡La VICTORIA es de ellos!
¡NO A LA ALINEACIÓN PARENTAL

Mito de la Caverna de Platón
https://cutt.ly/IW2Uqb5

Este texto hará resonar la voz de los niños y las niñas que han sido silenciados, a quienes se les minimiza porque Otros piensan por ellos. No es escuchado su pensar y su sentir, su mirada, su expresión, su risa, su llanto, su juego y su actuar es sometido al juego de la evaluación, a la sumisión de la tecno-ciencia que se empeña a categorizarles, clasificarles, es la parametralización de la infancia a efecto de definir -de-fin-ir- su destino de vida en aras de la justicia.

Los niños y las niñas son grandes Maestros de Vida, dejarles ser; mirarles en su singularidad, escuchar su corazón, darles la palabra, observar en sus ojos la vida, respetarles, amarles, educarles respirando el amor.

¡Libertad a los Niños! ¡La VICTORIA es de ellos!
¡NO A LA ALINEACIÓN PARENTAL

Papá, mamá que su deseo sea uno permitiendo irradiar el amor y su energía de luz en todas las formas posibles respetando la existencia individual y todo espacio donde tu hijo o hija crezca, para que su voz haga reverberar el canto primigenio en el cual fue concebido siendo resguardado en el centro donde nace la canción que se renueva día a día. Donador de amor capaz de elevar la energía, la vibración que brota en la risa, el juego en sus múltiples manifestaciones, el lenguaje poético en todas sus expresiones para hacerse presente la presencia; pronunciándose pronombres que hacen comunidad -com-**Unidad**- Un *Nosotros*, la Unidad que integra el todo en el cosmos para crear la danza cósmica por la vida fundamento del Ser en Libertad.

¡Dar Libertad a Victoria!... ¡La Victoria es de Ella!
Con todo mi amor y cariño...Tu Abuela Alicia

INDICE

1. **ALEGRÍA Y COMPROMISO**

2. **SEPARACIÓN**

3. **DIÁLOGO**

4. **LA ÉTICA**

5. **UNA OPORTUNIDAD**

6. **DENUNCIA**

7. **VICTORIA**

1.- ALEGRÍA Y COMPROMISO

El presente capítulo tiene como propósito mostrar la alegría que representa estar en una relación con el Amado o con la Amada, todo encuentro y toda relación tiene su tiempo, y todo lo que se quiere debajo del cielo tiene su hora.

Ya nos recuerda el Rey de Jerusalén, el hombre más sabio de su tiempo llamado Salomón, que todo tiene un inicio y un final; tiempo de nacer y tiempo de morir; tiempo de llorar y tiempo de reír; tiempo de abrazar y tiempo de abstenerse de abrazar; tiempo de callar y tiempo de hablar; tiempo de amar y tiempo de aborrecer; tiempo de guerra, y tiempo de paz.

El encuentro entre los amados abre caminos inéditos, busca lenguajes inimaginables, expresiones inauditas, formas multicolores de acercarse, de aproximarse a la experiencia que promete ser única; es el camino al encuentro, al diálogo con Otro que no soy Yo.

Que es extraño, que altera, inquieta y hace sentir, desear, vibrar hasta provocar descargas de dopamina la hormona del amor; desbordando emociones y sentimientos para acercar el cuerpo, tu cuerpo, mi cuerpo, nuestros cuerpos con miradas que develan la fusión del primer beso que acerca los labios para fundir el aire, el fuego, el agua y la tierra; al ritmo que los corazones se acercan para compartir el canto de la alegría, la canción que se renueva de tiempo en tiempo y todo lo embellece, donde nace el amor y la esperanza de que toda acción crezca respirando el sentimiento más excelso que puede darse en la unión de dos seres que se aman.

Todo es todo, es jolgorio, regocijo y fiesta; todo es embelesamiento, es seducción en su máxima expresión, el dios Eros se hace presente en cada encuentro desnudando el poder infinito, la belleza originaria del lenguaje poetizante, sintiendo, oliendo, palpando acuerpados en acordes de notas que definen el tono en una perfecta triada, Tú, Yo y un Nosotros en el tiempo presente único que existe confesando los más íntimos pensamientos y deseos; transmutando todo ello en acción.

Coincidir Alejandro Filo
https://cutt.ly/tWJSdRz

Qué belleza hay en el amor, qué sensación más hermosa es vivir enamorad@, imposible describir la excelsitud de ser correspondid@; la presencia presente en el espacio y en el tiempo de coincidir justo con el Otro; es maravilla que sorprende a cada instante.

Todo es alegría y vivacidad, serotonina que de forma eufórica recrea sonrisas, música en el corazón; movimiento constante cual fractal alcanza el deseo de disfrutar la compañía del Otro. El trazo de la escritura, el pronunciamiento de la palabra, la acción anhelada… *El compromiso de vida.*

El compromiso es la promesa que se anuncia, se comunica y se hace pública; los enamorados la hacen resonar por doquier, están comprometidos el uno con el otro; se profesan amor, lealtad, respeto, sinceridad. Todo tiempo deja de ser cuantificado para los amados, es un tiempo siempre presente ante la presencia del Otro, se está allí para el Otro; la atracción es tan fuerte que el apego se hace eminente.

No se puede concebir separado del amad@, el deseo de reunir dos cuerpos en uno perfectamente engranados es lo que más se desea para deleitarse, así como Salomón lo describe en Cantar de los Cantares poéticamente.

¡Libertad a los Niños! ¡La VICTORIA es de ellos!
¡NO A LA ALINEACIÓN PARENTAL

1:2 ¡Oh, si él me besara con besos de su boca!
Porque mejores son tus amores que el vino.
1:10 Hermosas son tus mejillas entre los pendientes,
Tu cuello entre los collares.
1:15 He aquí que tú eres hermosa, amiga mía;
He aquí eres bella; tus ojos son como palomas.
1:16 He aquí que tú eres hermoso, amado mío,
y dulce nuestro lecho es de flores.
2:3 Como el manzano entre los árboles silvestres,
Así es mi amado entre los jóvenes;
Bajo la sombra del deseado me senté,
Y su fruto fue dulce a mi paladar.
2:6 Su izquierda esté debajo de mi cabeza,
Y su derecha me abrace.
2:10 Mi amado habló, y me dijo:
Levántate, oh amiga mía, hermosa mía, y ven.
2:11 Porque he aquí ha pasado el invierno,
Se ha mudado, la lluvia se fue;
2:12 Se han mostrado las flores en la tierra,
El tiempo de la canción ha venido,
Y en nuestro país se ha oído la voz de la tórtola.
2:13 La higuera ha echado sus higos,
Y las vides en cierne dieron olor;
Levántate, oh amiga mía, hermosa mía, y ven.
2:14 Paloma mía, que estás en los agujeros de la peña,
en lo escondido de escarpados parajes,
Muéstrame tu rostro, hazme oír tu voz;
Porque dulce es la voz tuya, y hermoso tu aspecto.
2:16 Mi amado es mío, y yo suya; Él apacienta entre lirios.
4:1 He aquí que tú eres hermosa, amiga mía; he aquí que tú eres hermosa;
Tus ojos entre tus guedejas como de paloma;
Tus cabellos como manada de cabras.
4:2 Tus dientes como manadas de ovejas
4:3 Tus labios como hilo de grana, y tu habla hermosa;
Tus mejillas, como cachos de granada detrás de tu velo.
4:4 Tu cuello, como la torre de David.
4:5 Tus dos pechos, como gemelos de gacela, que se apacientan entre lirios.
4:7 Toda tú eres hermosa, amiga mía, y en ti no hay mancha.
4:8 Ven conmigo, oh esposa mía; ven conmigo.

4:9 Prendiste mi corazón, hermana, esposa mía;
Has apresado mi corazón con uno de tus ojos, con una gargantilla de tu cuello.
4:10 ¡Cuán hermosos son tus amores, hermana, esposa mía!
¡Cuánto mejores que el vino tus amores,
Y el olor de tus ungüentos que todas las especias aromáticas!
4:11 Como panal de miel destilan tus labios, oh esposa;
Miel y leche hay debajo de tu lengua;
Y el olor de tus vestidos como el olor del Líbano.
4:12 Huerto cerrado eres, hermana mía, esposa mía;
Fuente cerrada, fuente sellada.
4:13 Tus renuevos son paraíso de granados, con frutos suaves,
De flores de alheña y nardos;
4:14 Nardo y azafrán, caña aromática y canela, con todos los árboles de incienso; mirra y áloes, con todas las principales especias aromáticas.
4:15 Fuente de huertos, pozo de aguas vivas.
4:16 Soplad en mi huerto, despréndanse sus aromas.
Venga mi amado a su huerto, y coma de su dulce fruta.

Es evidente la metáfora del amor idealizado, el romanticismo de un canto por excelencia, poesía que destila miel, aromas, erotismo, deseo, belleza, esencias, entre otros.

Es por todo lo que sienten los amados entre pasión, excitación y embelesamiento y un gran deseo de estar juntos es que convienen en celebrar la boda, la unión, la aceptación, por lo general se hace presente el orgullo y la honra de aceptar el compromiso; se hace público y se cumple cual sociedad exige los requisitos de la celebración y unidad, todo es felicidad; menos en quienes han caminado en la tierra y han observado que la vigencia del compromiso es a corto plazo.

El ojo avispado puede observar la asimetría en la relación, puede leer entre líneas que no será fácil la convivencia, que difícilmente podrán sostenerse si no ponen cada uno el 100% y el extra; puedes leer todo el mensaje extralingüístico que está presente en cada momento, en cuanto se les escucha hablar se sabe quiénes son, el límite de las palabras va determinando el límite de su universo.

Algunos confunden el amor… sólo hay erotismo, sexo, deseo, liviandad; la ambición es evidente, está cantada, resuena en el ambiente, debiesen estar alertas a los mensajes sutilmente ocultos que develan el trasfondo y el sentido que habrá de ser mostrado cuando se quiebre el compromiso.

La perfección de la totalidad infinita del ser en el que se desea al Otro por sobre todas las cosas, la exclusividad, la fidelidad y lealtad, el formalismo hecho a la medida de la subjetividad de quien desea poseer, es la imposición del Yo sobre el Otro; de allí que ya no sea más persona sino pertenencia, objeto, sujeto sujetado a la subjetividad, a la interpretación de la fuerza.

Los amados creen estar enamorados, no se cuestiona si la relación en la que se incursiona y se experimenta –como prefijo ex que viene de la experiencia externa, justo como el determinismo ex de exterior, extraño, expuesto- puede sostenerse y fundarse en el amor auténtico; el amor que se añora desde un cuerpo erotizado, apegado al deseo, convertido en reto y desafío a poseer porque se quiere para sí en su totalidad, en su unicidad solo para sí; dirigiéndose hacia una relación de adquisición, de intercambio comercial como si se tratase de un contrato de compra y venta. Una capitalización de relación comercial en donde la propiedad del Otro es simple mercancía adquirido como objeto de pertenencia, como sujeto despersonalizado, sujetado a la idea superflua de una relación líquida que puede ser arrastrada, nunca contenida, quizás algún tiempo forzada a las formas e informas; pero nunca capturada, mucho menos reducida a la nada; desde una mirada reductiva se pretende imponer un Ego que in-visibiliza y socaba a quien lo permita, no importando sobre qué o quién se tenga que pasar.

El compromiso no es la garantía ni legal ni cultural ni una acción sujeta a corresponder, considerando el compromiso como una obligación, como una acción que cumplir, como la promesa de la que no es posible desistir, condenándose así mismo a proseguir en un camino que le es ajeno, que no fue trazado conjuntamente, que el ritmo desarmonizado de la interacción en la pareja irrumpe en lejanía para compartir, para dialogar, para acercarse y acariciar con la mirada, con la palabra, con la voz, con el lenguaje, con la escucha; prestando el oído a la necesidad de ser escuchado, consolado, motivado como para tomar impulso y proseguir.

El distanciamiento ahonda el espacio que da origen al abismo, ambos posicionados en cada extremo; añorando cruzar el acantilado auxiliado por el Otro o crear alas que levanten el vuelo y el abismo sea el pretexto para liberarse de lo que imposibilita la libertad.

Estamos tan impregnados de un pensamiento capitalista que difícilmente podemos desprendernos de esa forma en la que nos han pensado, respondiendo siempre ante las exigencias del Otro o del Ego; reducimos al Otro y a nosotros mismos a la mínima expresión y es tan sutil la forma en que se realiza, que confundimos amor con apego, amor con complacencia, amor con admiración, con gratitud, con deseo, pasión o amistad; y esto no es el amor.

El amor es una energía serenísima que nos hace vivir desde la alegría que aligera las circunstancias de la vida, las vicisitudes cotidianas, promueve el diálogo, el entendimiento, la palabra se da y se toma, el silencio no es enojo, no es molestia es una manifestación de encuentro consigo mismo en donde la enseñanza está siempre presente.

La alegría no siempre es sinónimo de algarabía, también es serenidad, armonía, paz; no siempre hay risas, ni siquiera una sonrisa; pero sí una aceptación de la realidad, del presente reconociendo nuestras emociones, sentimientos afrontando nuestros miedos, dudas, ansiedades.

¡Libertad a los Niños! ¡La VICTORIA es de ellos!
¡NO A LA ALINEACIÓN PARENTAL

Solo la energía que recorre todo nuestro ser y que sólo si nos permitimos sentirle nos alumbrará e irradiaremos, reconociéndonos, reencontrándonos con nosotros mismos… No digo que el Otro nos reconozca, que el Otro pueda ver nuestras acciones o reconozca que pensamos por nosotros mismos… No, eso no es posible, porque el Otro tiene que hacer su propio trabajo de reconocimiento, de aceptación, de aceptar la enseñanza que la vida le proporciona allí cuando está en la soledad y hay un encuentro con su espíritu, con su mente, con su cuerpo.

Y sólo por poner unos breves ejemplos de cómo permitimos ser interpretados desde la subjetividad que se impone por la fuerza de lo que implica la exclusividad y propiedad disfrazada de compromiso, siendo reducido a contrato prenupcial, compromiso social igual a compromiso moral, normado, regulado, estipulado, firmado, sellado, prometido, comprometido etc…

Y esto es lo que va ahogando, asfixiando toda relación; cuando quiero cuadrar al Otro a mi pensar. Por lo que exijo que las expectativas personales se cumplan en los términos que Yo determino, que yo decido, impongo y establezco.

Todo está centrado en un deseo del EGO, es el compromiso imaginario al que tú te comprometiste según mi interpretación del hecho, desde mi subjetividad te sujeto al compromiso que yo defino, el compromiso que prometiste cumplir, que te escuché decir, que dejé en claro y preciso; al que prometiste comprometerte y más.

La situación es que dos personas con un pensar propio no siempre convergen en la interpretación de los hechos, hay un pasado, una educación, un lenguaje, una cultura, costumbres, deseos, una genética, una economía; una filosofía de la vida que nos atraviesa y se hace presente en el presente y no necesariamente es conciliadora con las expectativas que se formó un Otro de Otro.

No, no siempre es así; en ocasiones el encuentro no es cordial, es disonante, es contrario, no es afín y en vez de encuentro hay encontronazo. Es una colisión de ideas, de expectativas, de respuestas, de afirmaciones y negaciones y esto desencaja; conlleva a aflorar emociones de todo tipo, desilusión, contrariedad, incertidumbre, irritación, arrebato…

El Ego no deja ver que es un Yo, que son las expectativas, la necesidad, exigencia, requerimientos propios no del Otro; pero esto implica discernir lo que es de un Yo y lo que es de Otro. Aceptar la realidad, esa realidad que está impactando fuerte, que hace cimbrar, que remueve mi pensamiento; que me deconstruye y no necesariamente para destruir-me sino para recrearme nuevamente como lo que soy, un ser pensante, que siente, que añora, que puede transmutar y virar hacia otros caminos.

Frente a cada uno hay caminos de muerte y caminos de vida, la elección está en un nosotros unidos si así lo queremos; pero puede ser que optemos por un NOS-OTROS separados, es decir, lo único que se quiere es la muerte simbólica del Otro, porque el Otro dio muerte simbólica a las expectativas e ideas del Yo, las resquebrajó, las derrumbó, las despedazó; entonces debe morir y hará todo lo que esté a su alcance sin dimensionar las repercusiones que tenga sobre el Otro y los Otros que por inercia serán impactados.

Todos deben sufrir, todos deben ser aniquilados con el lenguaje, con la mirada, con la legalidad, con la venganza, el odio, aborrecimiento y repulsión contra ese a quien amaba desde el EGO; si el Yo sufre, el Otro sufre, si el Yo llora, el Otro llora, si el Yo es infeliz, el Otro será infeliz. Ese Otro sufrirá por siempre por haberse atrevido a pensar y asentir distinto, por no cumplir el compromiso que el Yo firmó, que el Yo esperaba, que consideró una promesa incumplida…

Ese Yo asegurará que el reproche y el desplante se haga presente en la vida del Otro de mil maneras.

Tan sólo en nuestro país México según el Inegi entre los años 2000 y 2019 la relación divorcios-matrimonios casi se quintuplicó, al pasar de 7 a 32 divorcios por cada 100 matrimonios.

Estos dos últimos años 2020 y 2021 el confinamiento ha hecho estragos mismos que no han sido dimensionados, no hay estudios aún del impacto en la vida de las parejas, de las familias, cómo han sido trastocadas las relaciones, las interacciones y la comunicación en medio de este encierro al que la humanidad ha sido sometida; tensando drásticamente todas las formas de encuentro, de diálogo, de acercamiento. El compromiso con la vida ha colapsado, importa más el deseo mezquino del Ego que la vida misma; independientemente lo que haya socavado y aniquilado el compromiso llamado unión libre, matrimonio concertado, religioso, igualitario, u otro…

El compromiso no siempre es promesa eterna, no puede ser incondicional y traspasar tiempo y espacio, simplemente nadie puede ser esclavo, rehén, prisionero o condenado a vivir una vida que no es su vida. Una vida que ya no es vida, una relación en donde ya no hay disfrute, una relación forzada por un compromiso moralino que inició y terminó, que tuvo su tiempo de ser, de permanencia y esperanza; pero acabó, llegó al final, terminó… Y esto no tiene por qué condenar a la infelicidad a un Otro que irrumpe nuevos caminos…

Es urgente **_des-dramatizar_** el rompimiento, existe demasiada tragedia en el quiebre de la relación, hay demasiado dolor por perder la propiedad y literalmente pertenencia, posesión, del sujeto-sujetado, del sujeto-subjetivado, del sujeto-objetivado-cosificado…

Duele porque hirió el EGO obsesionado por sujetar, porque perdió el control con el que se le sujetaba al Otro, porque mi Yo es a partir del Otro, grave error; no se puede ser a partir de lo que otro me defina. Si es bien cierto que soy a partir de lo que mi cultura dice quiénes somos y nos da una identidad de género, orientación sexual, nos nombra de cierta manera, categoriza, clasifica, administra nuestra vida, politiza quiénes somos, el sistema nos piensa y conduce; también es cierto que tengo el libre albedrío de Ser lo que quiero Ser con lo que otros hicieron de cada uno de nosotros, una vez que se ha tomado conciencia; parafraseando a Sartre; es decir acepta lo que Otros hicieron de Ti y de mí, de nosotros. Tienes el presente para tomar conciencia de quien eres en este justo momento y esfuérzate y se valiente; no una vez, dos, tres, cuatro… seis veces como Josué.

Duele el engaño, el rompimiento, la mentira, la desilusión… Sí, por supuesto. Tenemos un cuerpo físico que experimenta emociones, que fue educado culturalmente en sus sentimientos; duele porque está en jaque todo lo que somos, la finitud de nuestro ser, el miedo y terror nos paraliza. La reacción ante el presente que se vive es una respuesta defensiva que lastimosamente conduce a perder personas, momentos y oportunidades por no ceder, por no aceptar, por no reconocer que hubo aciertos y desaciertos, emociones contenidas, que no hubo diálogo; que los supuestos fueron el pretexto para interpretar al Otro desde mi conveniente formateo de compromiso, no hay una aceptación de la realidad, por lo que brindar una disculpa jamás, mucho menos reconocer la humanidad del Otro con todo y sus hormonas, deseos, emociones, desvíos y resbalones. No estoy diciendo que se justifique la falta de compromiso, la infidelidad, la deslealtad, la mentira, el engaño, la banalidad, no, no, no... Esa no es mi intención.

El diálogo en simetría y el oído presto a escuchar y sobre la mesa una propuesta abre posibilidades de encuentro, pero si se está centrado únicamente en: Él me hizo, me dijo, me prometió, me, me, me, asegurándose con esto que la respuesta que se da no tenga solución al conflicto que se espera ser resuelto, por lo tanto, está claro el anuncio que devela el quiebre por no conciliar dando origen a la desconfianza, a la inseguridad e infelicidad.

Parafraseando a Hegel, argumentaba que la historia es el origen de las relaciones humanas y que ésta se inicia cuando se enfrentan dos deseos, dos conciencias deseantes, es decir, el deseo humano tiene deseos humanos, la pregunta es ¿Cuál es el deseo más ambicionado, anhelado, codiciado por los hombres? Es que el Otro lo reconozca como su superior, que se le someta a sus deseos y es de esta relación de conciencias que surge una relación entre dos personas, estas dos conciencias deseantes tienen una lucha para ser reconocido y la resolución a esta competencia, lucha o contienda de deseos obedece a que una de las dos conciencias tiene miedo a morir porque esta lucha va a terminar con uno de los dos, es decir, uno de los dos será sometido, doblegado, sujetado, subordinado por temor, por el miedo a morir metafóricamente. Las dos conciencias tienen miedo a morir pero en uno de ellos no es tan fuerte el deseo de ser reconocido prefiriendo someterse, la muerte lenta de la autonomía, la metáfora de la muerte en vida anuncia el caos, el desastre de la relación en una lucha por imponerse desde una asimetría de altura, que no es cualquier altura, es una altura que pisotea, que arrebata, que arranca toda posibilidad de crecer, de rebelarse, asfixiando hasta dejar sin oxígeno vital al más débil valiéndose de todo, sin importar menos que la nada, lo que importa es vencer aunque la victoria sea pírrica.

No siempre un Otro puede ver o percatarse que, al perder la autonomía por amor, miedo, o elección, decide someterse a la conciencia con más fuerza mediante la imposición del lenguaje, del gesto con el que se le degrada, con los movimientos que implementa para mostrar superioridad con el sentido extralingüístico que irradia.

La presencia de ese Otro igual a mí quien es singular y distinto a mi Yo, interactuando, relacionándose y comunicándose sin entendimiento alguno, sin sentido, ni aprecio, ni respeto hace que se pierda el encuentro y el diálogo; no hay simetría, solo tolerancia y ambos se cosifican ya no son personas.

¡Libertad a los Niños! ¡La VICTORIA es de ellos!
¡NO A LA ALINEACIÓN PARENTAL

Son reducidos a objetos —mi esposo, mi esposa, mi propiedad, el objeto del deseo, la cosa que poseo- porque no hay el reconocimiento de la excepcionalidad humana que por principio les hace ser, sentir, pensar, hablar, amar, etc...

Al no existir ese reconocimiento del Yo y el Otro en un encuentro cara a cara, mirándose a los ojos, expresando con libertad y consentido, no puede proseguir el compromiso, el acompañamiento al lado de quien se comparte el pan resultando una lucha fratricida.
Esto me lleva a rememorar aquella prosa poética de Charles Baudelaire que de manera magistral nos muestra que la falta de empatía y la imposición por la fuerza, termina por acabar con toda posibilidad de conciliar y compartir.

"El Pastel" Charles Baudelaire
https://cutt.ly/6W2PTIG

La pregunta obligada es ¿Quién o qué representa el pastel? ¿Por qué se quiere la totalidad del pastel? ¿Por qué irrumpir con la fuerza de los golpes contra el Otro? ¿Por qué hacer todo un espectáculo en los espacios públicos? ¿Qué queda después del arrebato?

Este texto da que pensar, pero la respuesta depende de cada uno, desde la propia interpretación, la dejo a manera de reflexión con la posibilidad de remontar como Sísifo la pendiente arriba, no para estar de continúo sufriendo en penitencia cargando la roca. No, por el contrario, ver que cada punto de llegada será un nuevo punto de partida para iniciar un nuevo comienzo que alegre nuestra vida, que remonte el vuelo el pajarillo que vive en nuestro corazón y que canta melodiosamente la canción de vida al compás en que la tierra late, respirando, sintiendo y recibiendo la energía del sol para hacer posible el nacimiento de la vida, el renacer de cada uno de nosotros para ser mejores personas cada día.

Hemos venido a ser felices a esta Tierra y no debemos olvidar de vivir, de sentir la vida, de crear las condiciones propias para hacernos presentes y convivir, la vida es el presente eterno de vivenciar cada experiencia y hacer de ella una obra maravillosa y magnifica de nosotros.

Toda experiencia de vida no es buena, ni mala en su esencia, es experiencia pura; solo el que no sale de casa, el que no se atreve a vivir, el que no va al encuentro del acontecimiento si no se permite que pase y sienta la experiencia, entonces no te equivocas y no vives. No puedes tener la vivencia, no aprendes... así que alégrate del día que te comprometiste, alegra tu corazón del día que disfrutaste, alégrate de los hermosos momentos que pasaste, alegra tu corazón con la semilla que irrumpió en vida, el nacimiento de tu hijo, de tu hija.

No hay fracaso es experiencia vivida, es aprendizaje constante; mira que de ese compromiso tienes lo mejor del Otro y es perfecto.

Lo inaceptable es que no se acepte que, si el compromiso se termina, hay que afrontar con integridad y estoicamente la realidad y abrir nuevos caminos; siempre habrá nuevos caminos, cientos, miles de posibilidades. Solo no te arrebates, no te precipites, serena tu corazón, aquieta tu mente, calma tu inquietud, siente la paz y el silencio que te da el sentir respirar.

2.-LA SEPARACIÓN

«Fuera de la noche que me cubre, negra como el abismo de polo a polo, agradezco a cualquier Dios que pueda existir por mi alma invicta…»
WEH

Cada padre y cada madre debe decirle a su hijo o hija, toma de mí la fuerza que necesitas para que afrontes con integridad la separación, no estás sol@ estoy contigo, todo tiene un inicio y un final; son las cartas que nos brindó la vida, hay que jugar con ellas, todo estará bien, no eres Tú; es parte del camino, es una situación que la vida nos presenta para crecer, para aprender, para renacer como el ave fénix.

Nadie en esta vida debe afrontar solo la separación todos deben de ser acompañados, el camino es doloroso, la tristeza penetra en el corazón hasta romperlo; quizás por eso se llama el síndrome del corazón roto.

Cuando se estresa y las emociones que enfrenta son extremas, desencadenan un mal funcionamiento del dador de la vida, el bombeo se vuelve irregular y duele una parte de ese músculo que trabaja noche y día doliendo todo el pecho hasta hacer difícil aún el respirar.

De allí que elija el presente texto citando a William Ernest Henley quien nació en Gloucester, Inglaterra el 23 de agosto de 1849. Autor del poema *"Invictus"*, escrito en 1875 e incluido en el que fue su último Libro: *«In Hospital»*, publicado en el mismo año de su muerte.

«Invictus»

Out of the night that covers me,
Black as the Pit from pole to pole,
I thank whatever gods may be
For my unconquerable soul. –
In the fell clutch of circumstance
I have not winced nor cried aloud.
Under the bludgeonings of chance
My head is bloody, but unbowed. –
Beyond this place of wrath and tears
Looms but the horror of the shade,
And yet the menace of the years
Finds, and shall find me, unafraid.
It matters not how strait the gate,
How charged with punishments the scroll,
I am the master of my fate;
I am the captain of my soul.

William Ernest Henley

«In Hospital» – 1875

¡Libertad a los Niños! ¡La VICTORIA es de ellos!
¡NO A LA ALINEACIÓN PARENTAL

«Invictus»

Más allá de la noche que me cubre
negra como el abismo insondable,
doy gracias a los dioses que pudieran existir
por mi alma invicta.
En las azarosas garras de las circunstancias
nunca me he lamentado ni he pestañeado.
Sometido a los golpes del destino
mi cabeza está ensangrentada, pero erguida.
Más allá de este lugar de cólera y lágrimas
donde yace el Horror de la Sombra,
la amenaza de los años
me encuentra, y me encontrará, sin miedo.
No importa cuán estrecho sea el portal,
cuán cargada de castigos la sentencia,
soy el amo de mi destino:
soy el capitán de mi alma.

William Ernest Henley
«En el hospital», 1875

El capitán dirige el navío, su vida está en sus manos, el camino que elija será su elección, su decisión; la suerte está echada, es cuestión de tiempo, es impredecible lo que depara el mar cada día. El destino es la sucesión inevitable de acontecimientos, es la fuerza que se hace presente, no hay predestinación; si se abre el corazón y se da la palabra entonces se llega al puerto, recobrando la confianza, la armonía, la paz, el encuentro entre los elementos: tierra, agua, fuego, viento y la energía vital.

La ruptura de la pareja se da, el rompimiento es eminente; nada detendrá la separación de los cuerpos; el resquebrajamiento se dio, las causas probablemente fueron muchas, quizá ninguna, simplemente ocurrió.

El drama del rompimiento obedece a que los **adultos** que ahora viven un episodio de duelo, frustración, decepción, han sufrido en su infancia la negligencia emocional, fue un(a) niñ@ invisibiliz@, no fue escuchad@, no se le hizo presente en la familia donde creció, se le relegó, se le ha vilipendiado con la indiferencia, con la exclusión, se le ha pulverizado hasta desintegrarlo como niño o joven. Por eso ahora piensa, elabora, reelabora explicaciones, argumentos, dilucidaciones, evidencias; porque revive y pervive la sensación de desprotección, de abandono, de miedo, de enojo, de ansiedad y más reviviendo los sentimientos con los que creció; por eso el drama, la tragedia, la constante comparación, la re - victimización extrema ante la vulnerabilidad re-creada y re-vivida de su infancia, de su juventud y esto lo reincorpora, lo reintegra a su presente focalizando a ese Otro que ya no desea proseguir con el compromiso prometido; de allí que arremeta con todo, sin miramiento alguno, sin consideración, sin compasión, ni empatía. Todo se vuelve real, los vívidos recuerdos se transpiran, se sienten, pueden percibirse en la atmósfera.

Queremos como adultos que el Otro responda con madurez, con sabiduría, con comprensión y entereza al informarle de la decisión de dar por terminado el matrimonio, la unión, la relación; todo es en vano porque ha aflorado lo que estaba en latencia, escondido, oculto, encubierto desde la infancia y que no siempre se es consciente de que el **drama** procede de un pasado que dejó huella, violencia, que degradó la confianza; el miedo vuelve al asecho nocturno, la tristeza y el dolor vuelcan el corazón en llanto y no aceptación de la realidad.

No hay culpables en esto, fue el destino, ocurrió, pasó, me pasó, me atravesó, me impactó; quedó en mí esa huella indeleble que se interiorizó en mi cuerpo, en mi mente, en mi espíritu. Que soy la niña, el niño espantado, que quiero ser protegid@, pero no sabe identificar que lo que se desea es el acompañamiento amoroso en esta ruptura, no hay explicación, consejo, palabra que sea escuchada; hay una cerrazón, el oído quedó sordo por el ruido que provoca la ruptura, por la luz que estimula la pupila a contraerse abruptamente hasta la ceguera de no querer mirar que el resquebrajo está en puerta, que hubo señales, mensajes, indicadores, circunstancias que mostraban tiempo antes que devendría el rompimiento y de que emergiera la decisión.

Por ello duele tanto el descontrol, la des-cosificación del Otro cuando toma su decisión de retirarse del lado del amad@.

La respuesta ya no es de un niño al que se le disciplina, se le silencia, se le norma y regula la conducta al que se le imponen castigos y sanciones. No… ahora es una respuesta de adulto, un adulto que se desquitará con quien tiene en frente, quien representa y simboliza no sólo la ruptura, el desamor, la desilusión, la deslealtad, la inmoralidad… representa también a ese Otro que le abandonó y vilipendió en tierna infancia, en la vulnerable juventud. Por eso arremete con todo, con fuerza, con toda la ira contenida, con el miedo, dolor, envidia, incomprensión, desprecio y otros sentimientos convertidos en resentimientos…

Lastimosamente no puede reconocerse a sí mismo y no está en condición de escuchar a nadie, menos de poder dialogar en armonía.

¡Libertad a los Niños! ¡La VICTORIA es de ellos!
¡NO A LA ALINEACIÓN PARENTAL!

Veamos una breve narrativa real:

"... mi mamá ni me hacía caso, me pegaba, siento que no le importo, un día me metió un jabón en la boca para que no llorará cuando me bañaba, Yo estaba chiquita, también me cortó mis rizos y nunca más me volvió a crecer mi cabello rizado, se me hizo lacio, siento que mi mamá nunca me ha querido, nunca dejó que viéramos a mi abuela paterna, no sé porque mi mamá no la quería, en casa nunca había comida, y si había siempre sus tortillas y su pollo rostizado, Yo no siempre alcanzaba, mi mamá le dijo a mi papá que ya no me pagara la escuela porque me hacía pen-+%#"=)$, nunca iban por mí al trabajo, ni siquiera porque salía a las diez de la noche; pero por mi hermano que trabajaba cerca de la casa, si van por él, siento que no me quieren, siento que quieren más a mis hermanas, a mis hermanos y no sé por qué; a mi papá le di a guardar un dinero eran ochenta mil pesos y se puso arreglar su casa, no me lo quiere regresar..."

Alguien podría decir que es solo un drama esta narración, pero no es así; es el dolor, el sufrimiento que padece, es un corazón desconsolado, afligido, apenado y triste; el tiempo transmutó esos sentimientos en resentimientos mismos que harán grandes estragos en cuanto se haga presente cualquier situación que reviva lo que ha sido sembrado en su corazón.

¡Hombre! ¡Mujer! Quien quiera que sea sufrirá las consecuencias de estar en la relación insospechada, inadvertida, arriesgada; pero fascinante en su inicio, excitante, pasional, erotizante, ardiente...

La crónica que anuncia la ruptura se ha escrito y no por predestinación, sino porque no se está en posición de perder, de ser relejad@, dejad@, rechazad@... El Ego no lo permitirá, el desocultamiento de quién es aflorará y simbólicamente matará y aniquilará, la ventaja para este Ego es el resarcimiento del agravio vivido en tiernas edades, el precio no importa, la estrategia tampoco, lo que importa soy Yo, no el Otro, ni un Nosotros. El impacto de la acción ejecutora no importa si arrasa con la nueva generación de la tierna y preciada edad de la infancia, de los soñadores jóvenes que van en búsqueda de sí mismos, que van al encuentro de experiencias maravillosas; pero que desafortunadamente se les arremete y embiste con situaciones legales, mezquinas, sórdidas, avariciosas, egoístas, utilitaristas y más.

El enfrentamiento son dos conciencias que luchan con fuerza por sobrevivir desde su propia interpretación incomprendida por ambos, y no porque se niegue la posibilidad a un encuentro, sino porque el dialogo está quebrado.

El amado se constituye en acérrimo enemigo de forma inexplicable, al igual que su familia, al igual que todo lo que le rodea, todo lo que es él; para ese Ego disfrazado con camuflaje de valor en el fondo es un pobre espíritu que no puede dialogar, acordar, consensar, expresar; solo está presente el desánimo, el enojo, la tristeza. Ahora a su amad@ le interpreta como repulsivo, desagradable, insípido, estúpido, necio, todos los calificativos que degraden la naturaleza humana, para despojarle de todo ser y destruirlo cual objeto de deshecho, haciéndolo menos que la nada.

Lo más trágico es que la separación no sólo implica a la pareja, sino que los hijos son separados, muchas veces secuestrados, ocultados, negados; peor aún son reducidos a objetos, seres despersonalizados de toda humanidad. Son deshechos, fragmentados, quebrantados en espíritu, cuerpo y mente; dejan de ser el ser que son para pasar a ser botín de guerra, cajeros automáticos, cheques al portador, instrumento, herramienta, arma para infringir dolor, lacerar y herir profundamente a quien aporto el 50 % (cincuenta por ciento) de su genética; por el solo hecho de atreverse a decir, señalar, que no es posible proseguir con el compromiso.

Todo hombre o mujer que decida la separación de un EGO que no da posibilidad al diálogo y llegar a acuerdos, se enfrentará a una separación que niega a la infancia el derecho que le asiste al nacer y venir a este mundo.

Una separación que negará a la infancia vivir y crecer con el amor de ambos padres, hacer comunidad con la familia, se le negará el derecho a tener abuelos, primos, tíos, hermanos; justamente por quien dice amarlo tanto; confundiendo amor con posesión, amor con control, amor, con dominio... Eso no es amor... el amor jamás haría tal barbaridad, jamás se atrevería a lastimar...

Una separación deja desolados muchos corazones, porque no somos individuos solitarios, insociables, individuales; somos comunidad, somos un todo en unidad, somos herencia genética, herencia cósmica, somos herencia universal, planetaria. Sí... somos la herencia de vida sembrada en esta tierra, en este espacio y en este tiempo; por eso somos indivisibles, infinitamente extrasensoriales, sentimos el dolor del hijo, de la hija, del nieto, de la nieta, del sobrino, de la sobrina, de la hermana, del hermano que nos separan; porque estamos unidos por la energía que irradiamos y la sentimos. De allí que nos percatamos de los sentimientos del Otro, por eso es tan difícil renunciar a luchar por nuestra descendencia porque le sentimos a cientos de kilómetros de distancia, porque a pesar del tiempo, que no siempre es un tiempo medible, no hay olvido; no se pierde la memoria, la reminiscencia está en el núcleo de nuestras células, éstas se comunican, se alegran, vibran, informan, recuerdan... y el gesto del rostro de nuestro niño, niña, o joven... sonríe cuando siente el amor del padre y de la madre...

Es una ley del cosmos, nadie tiene derecho a negar a sus hijos quiénes son sus padres, sus ancestros, de qué estrellas vinieron... La fuerza interior los llevará a buscar la verdad y cuando esto acontezca, el universo regresará a cada quien la energía que emitió.

No quisiera presentar cómo la cultura juega un papel importante en la separación porque es abrir un debate en donde existen muchas posiciones diametralmente opuestas, sin embargo, la cultura nos atraviesa y nos muestra que aún en estos días la mujer tiene ciertos roles que están arraigados con fuerza entre nosotros, además de sortear situaciones en los que asume compromisos que en otro tiempo estaban reservados para el otro género. Los hombres también han sido sorprendidos con eminentes cambios que impone el sistema, las expectativas sobre este género son amplias y poco reconocidas.

El dilema está en juego, la tradición cultural, el presente que se vive, la exigencia social y las expectativas de pareja.

Vivaldi-Storm Extende
https://cutt.ly/UEoBseN

El verano evoca una tormenta de estío en la agitada atmósfera de su movimiento final, escalas que suben y bajan haciendo vibrar una tensión apasionante; la detonación tormentosa de lluvia y relámpagos en medio de la mar, con olas que irrumpen la embarcación al ritmo de la partitura proveída del sonido de violines, simulando la voz del Yo, del Otro, de Nosotros; sacudiéndonos, estremeciéndonos por la palabra, por el azote furioso del agua. Causa graves daños en el corazón, buscando solo encontrar la avenencia, el acuerdo, la concordia en medio de la tormenta… ¡Por Favor!... Separémonos armoniosamente.

Es la súplica de un corazón que predice el destino de la obscuridad y las circunstancias negativas, llanto y desprecio del que será objeto por parte de la persona más amad@; tomará fuerzas no importando las situaciones a desafiar por duro que sea el camino y los eventos dañinos que ocurran; Invictus será la palabra hecho poema que habrá de contraponerse la presencia de la muerte sobre los golpes que tu cuerpo reciba y sobre las estocadas de las injurias que pretenden acabar con tu dignidad humana.

¡Libertad a los Niños! ¡La VICTORIA es de ellos!
¡NO A LA ALINEACIÓN PARENTAL

Invictus - W. E. Henley (Powerful Life Poetry)
https://cutt.ly/6EaUgGm

Invictus Read by Captain Lexxa of Star Trek
https://cutt.ly/DEaUrp3

Hombre

Mujer

Escucha, medita y aprópiate de este poema, toma la fuerza y prosigue; no declines. Eres más fuerte que el neutrón que brilla en el centro de las estrellas. Eres poseedor de la genuina voluntad de luchar. Eres el héroe, la heroína de tu hijo, de tu hija.

3.- EL DIÁLOGO

Quisiera comenzar por definir el significado etimológico de la palabra diálogo la cual proviene del latín dialŏgus, que significa discurso racional o ciencia (logos) del discurso. ... La palabra λόγος (logos = palabra, expresión). Por lo tanto, el diálogo es la apertura al encuentro de dos personas a través de la palabra; pero no cualquier encuentro, es ir, salir en la búsqueda singular de un encuentro con el Otro pero no para ir en contra o hacer de la aproximación un encontronazo; sino mostrar la apertura de dar oído a la palabra, a la voz, al lenguaje del Otro a través de la mirada cara a cara, del rostro al descubierto despertando la conciencia de mirarle, de hacer presente la presencia tomando responsabilidad de reconocer su existencia. Escuchar, sentir y comprender su súplica en el gesto singular de su mirada, toda mirada es una súplica de ser visibilizado sentido, apreciado y respetado. Es abrir el diálogo entre dos conciencias, entre dos personas, entre dos pensamientos, entre dos culturas a través de la palabra.

La decisión de unirse con Otro implica necesariamente aceptarle íntegramente y en su totalidad finita e infinita, la unidad con el Otro no se da sólo con su presente en el aquí y en el ahora; sino que su historia está presente, sus múltiples lenguajes que trae consigo, su cosmovisión de la vida, del matrimonio, de lo que significa la paternidad y maternidad, la incorporación e internalización de lo que culturalmente se tiene como base de valores ya sea el compromiso, el respeto, gratitud, aprecio, lealtad, etc… Tarde o temprano todo esto se va a develar en la convivencia diaria, en la vivencia de situaciones que tienen que ver con la relación de familia; la salud y enfermedad; la abundancia y la carencia; la alegría y la tristeza; el nacimiento y la muerte; el inicio y el final.

Por lo que cabe hacer una lectura lo más objetiva posible de con quién se relaciona un Yo, porque el Otro es compromiso de vida, es responsabilidad infinita, es presencia siempre presente en la vida. Las acciones de ambos repercutirán todos los días en la vida.

Irónicamente hoy en día tenemos mayor acceso a las tecnologías de la información y comunicación y desafortunadamente la complejidad de las relaciones humanas pareciese haberse incrementado; ya veíamos el alto índice de divorcios y separaciones, resquebrajamiento de las familias tal y como podemos observar en la información que nos brinda el Instituto Nacional de Estadística y Geografía (**INEGI**); de acuerdo con los datos del Censo de Población y Vivienda 2020, en donde establece una correlación entre divorcios-matrimonios entre el año 2000 y 2019 prácticamente se quintuplicó, al pasar de siete a 32 divorcios por cada 100 matrimonios.

De continuar la tendencia de los últimos 20 años y considerando además factores como el confinamiento en estos dos últimos años en la cual se tiene registro de un probable incremento significativo, según obra información en las instituciones de gobierno, para el año 2030 se podría llegar, haciendo una proyección desde los datos verificados, a una cifra aproximada de 264,682 divorcios; programando así para el año 2040 una cifra posiblemente superior a los 363,333 divorcios.

Esto devela un grave problema social que tenemos porque la institución más importante de la sociedad se está resquebrajando y cobra nuevas formas de ser, es urgente volver al fogón de la familia, al espacio acogedor de reunión, de acercamiento familiar donde hablar en libertad y ser escuchado es posible. El fogón en donde la calidez es distinción de afecto, de amor, de remanso espiritual; rodeando el fogón sintiendo la presencia del Otro que está a un lado y al frente compartiendo el espacio y la palabra, el alimento que nutre el cuerpo y al espíritu, donde se aprende y enseña. El fuego es la bioenergía que remueve, purifica y transmuta toda toxicidad de la atmósfera; trayendo sanidad como si el fuego emitiera sonoras notas musicales similares a las del astro rey haciendo posible elevar la energía vital. Quizás por eso se encuentra calma en las palabras y el acompañamiento de la pena, respira profundo, levántate temprano a caminar, ve un atardecer como si allí estuviese encerrado el misterio de la tranquilidad.

El fogón lo utilizó sólo como la metáfora de lo que implica sentarnos en unidad y compartir la palabra y el silencio, el acompañamiento cálido y filial al corazón necesitado; es menos difícil el afrontar el diálogo quebrado si estamos sostenidos –SOS como señal de salven mi alma, auxilio… tener un acompañante del cual se pueda tomar fuerzas, es la nota vibrante sostenida en alto como grito de ayuda- por quienes pueden brindar el auxilio; mismo que será necesario para todos los impactados en la separación. Somos un todo conectado como organismo vivo, somos tierra, cosmos, infinitud, totalidad, sería conveniente que volviéramos a la sabiduría ancestral para recuperar el diálogo.

Impresiona el número de demandas por divorcio en el Tribunal Superior de Justicia de las distintas entidades que conforman los Estados Unidos Mexicanos y Estados-Nación de nuestro continente y otros.

Una de las principales causales es que no existe diálogo en las parejas, por lo tanto, no hay comprensión, ni entendimiento; incurriendo en veredas que alejan y hacen más grande la distancia entre la pareja, enfrentando un camino en Y que termina en una bifurcación que complejiza la posibilidad de un encuentro.

Es impresionante el número de personas que asisten al Tribunal Superior de Justicia para solicitar la intervención y gestión de jueces, secretarios, proyectistas, actuarios, etc… con el fin de resolver el conflicto que la pareja no puede solucionar, estando atrapados en amplios periodos de tiempo, promociones, acuerdos, emplazamientos, notificaciones, conciliaciones, autos, exhortos, diligencias, entre otros; haciendo valer la legislación y normatividad aplicable mediante el conocimiento de los hechos que las partes exponen para dictar las resoluciones respectivas.

Cuando las partes por múltiples razones no llegan a tener un convenio respetuoso que exige por principio disposición para acordar, aceptación de la realidad, poner en juego la empatía por el Otro que involucra no sólo a la pareja sino también al hij@ o hij@s, a las familias de ambas partes; tener una posición de querer resolver el conflicto desde la vida y no desde la muerte, es decir, aligerar el proceso, la separación, el acuerdo, la resolución del conflicto porque aquí se juega la vida de muchas personas. Porque hay dolor en ambas familias, porque hay niños de por medio, es el descasamiento, es la ruptura simbólica de la promesa no cumplida y compromiso contraído; esto tiene que ver con una cosmovisión histórica, cultural, romántica en la que el matrimonio se instituyó. Por eso duele romper con ideas hechas, establecidas, afinadas, instruidas en edades tiernas; y de las que somos producto, sujeto, objeto, adquisición, cosa.

Esto es lo que lleva al drama emocional, social, económico, político que se vive en la separación.

Des-dramatizar el divorcio o la separación y aceptar la situación afirmando que se está viviendo y que no hay vuelta atrás, quizá no se demoraría tanto tiempo en un proceso que es desgastante y en el que se puede observar muchas veces por igual, o en algunos casos por parte de la parte actora o demandado, que lo menos importante es la separación misma, sino imponer el control de la situación a través de la exigencia al Otro por un Yo que tiene Egolatina, enfermedad que hace crecer la cabeza desmesuradamente y no le permite ver su cuerpo, mucho menos a los Otros (expareja, hijos, familia).

Peleando a ultranza la posesión de inmuebles, convivencias, pensión alimenticia, guarda y custodia, tiempos, espacios, etc…

Balzac escribió "el matrimonio debe luchar sin tregua contra un monstruo que todo lo devora: la costumbre". Y Melendo afirma que, "el enemigo más insidioso es, pues, la rutina: perder el deseo de la creatividad originaria y la capacidad de sorprender a quien queremos; porque entonces ese amor acabará por enfriarse y perecer tristemente".

¡Libertad a los Niños! ¡La VICTORIA es de ellos!
¡NO A LA ALINEACIÓN PARENTAL

Es muy grave lo que ocurre estamos hablando de una incomunicación y un conflicto potencialmente insoluble, inextricable, inabordable, intratable que impacta no solo el presente sino el futuro transcurriendo linealmente el conflicto por siempre. ¡Qué desgaste! Es una agonía lenta para todos, las autoridades deben corresponder con una alta sensibilidad de ubicar a las partes y velar por lo más importante, el derecho de los niños, niñas y jóvenes inmersos en los problemas de adultos y que son trastocados y violentados al ser utilizados como instrumento para infligir dolor a ultranza.

Es urgente identificar estas situaciones y velar por la integridad de los niños, niñas y jóvenes; es su derecho el vivir en la alegría, el convivir con ambos padres y, de ser posible, de vivir con la familia que puede proveer un desarrollo armónico en donde no prive la venganza, la represalia, el desquite.

Lloren todo lo que tengan que llorar como el ciervo que brama por las corrientes de las aguas o berren como las ovejas cuando se pierden y es noche, escuchen a su conciencia en la noche, como el Salmista David decía: Bendeciré al Señor que me aconseja, en la verdad, en las noches mi corazón me instruye, en lo íntimo me corrige y me dice qué debo hacer; me reprende en mi conciencia, me orienta y guía mis pasos porque él es mi guía y mi salvación.

¡Libertad a los Niños! ¡La VICTORIA es de ellos!
¡NO A LA ALINEACIÓN PARENTAL

Llora, llora, deja rodar tus lágrimas, grita con todas tus fuerzas y saca la ira contenida, saca de tu cuerpo las emociones que hacen que vivas desarmonizad@; suspira, deja salir los sollozos y lamentos, los gemidos del dolor, cánsate de llorar... pero levántate, incorpórate, sé fuerte y enfrenta la situación. Reconoce que tu linaje no es objeto, no es uso exclusivo cual instrumento torturador lo manejas para el agravio y la humillación, eso no es propio del amor, de la esencia que nos hace humanos. NO, NO, NO... el amor jamás separa a los hijos del padre, de la madre; el amor no utiliza, no golpetea, el amor es un acto de donación cual regalo es la vida y cuando no es así... se mata y asesina el alma inocente y pura de la infancia...

¡Amar a la infancia! ¡Amar a nuestros niños y niñas!

Límpiate la nariz, respira profundo, toma el sol de la mañana, abraza a tu hijo, a tu hija y perdónate; mira en sus ojos la dulzura de la inocencia, la ingenuidad, la aceptación incondicional del perdón... Y por la energía vital que recorre tu piel, tus venas, tus arterias, tus sistemas deja brotar la energía serenísima del amor y emprende el camino de reconciliación contigo mism@ y con tu expareja. Deja que tus hijos convivan con ambas familias, deja que sean amados infinitamente, deja que sientan el cariño profundo que se les tiene, deja que reciban el abrazo que une corazón con corazón, deja a un lado el odio que te lleva a mentir y destruir, eso no eres tú.

¡Libertad a los Niños! ¡La VICTORIA es de ellos!
¡NO A LA ALINEACIÓN PARENTAL

Tú eres un ser bello que tiene corazón y que irriga la vida por doquier, en cada una de tus células; tú eres la luz que proviene del universo que llegó a la tierra para alumbrar y para traer a la vida a un ser que es potencia de vida, alegría y amor.

Se te ama aún en medio de tanto dolor porque no cabe en un NOSOTROS la separación, solo hay espacio para la vida. Te honramos como dador de vida a Ti ¡Hombre! ¡Mujer!
Ahora pensar, sentir, acariciar y mirar a la infancia como lo que eres ¡PADRE! ¡MADRE!

¡Libertad a los Niños! ¡La Victoria es de Ellos!

Alejandra Guzmán - Yo Te Esperaba
https://cutt.ly/fEaHx6T

¡Libertad a los Niños! ¡La VICTORIA es de ellos!
¡NO A LA ALINEACIÓN PARENTAL

Carlos Rivera - Te Esperaba

https://cutt.ly/1EaHEZU

Para finalizar dejo una última reflexión, la separación trae consigo numerosos y radicales cambios en donde es conveniente acordar y reorganizar la vida para proseguir el camino frente a nosotros, creando nuevas condiciones de vida primero para sí, para los hijos y para dar libertad a la expareja; esto no exime a nadie de enfrentar el dolor, sobrellevarlo hasta aprender a soltar y dejar ir para que el conflicto no se vuelva destructivo y demoledor, viviendo una tensión prolongada entre los involucrados, procurando las partes evitar las actitudes hostiles, discrepando en todo y por todo debido a que conduce solo al desgaste innecesario.

La revolución digital tecno-científica ha resultado toda una paradoja, contrasentido y polarización respecto a la comunicación; por una parte, ha facilitado el acercamiento, acortado distancias, tiempos; ha agilizado la conectividad creando diversas plataformas de interacción social, de intercambio profesional, de compartir intereses y afinidades. La puesta en marcha de algoritmos cibernéticos que dinamizan la búsqueda hace más sencillo el encuentro, la escritura, la relación y el estrechamiento de lazos entre las personas; sin embargo, no siempre ha resultado ser así dado que no es garantía de estrechar y unir a las personas como se esperaba. Existen múltiples factores que inciden en el acto comunicativo, pero quizás lo que más ha permeado para romper el diálogo es el sinsentido de la vida, la rapidez e inmediatez en la que se vive; la permutación que conlleva este sistema utilitarista, mercantilista, narcisista y capitalista, las relaciones fraternas y filiales; transitando hacia la vaciedad, ligereza y banalidad de lo que es una relación amorosa.

El Instituto Nacional de Estadística y Geografía (INEGI), en colaboración con la Secretaría de Comunicaciones y Transportes (SCT) y el Instituto Federal de Telecomunicaciones (IFT), publica la Encuesta Nacional sobre Disponibilidad y Uso de Tecnologías de la Información en los Hogares (ENDUTIH) 2019. En México hay 84.1 millones de usuarios de internet y 88.2 millones de usuarios de teléfonos celulares: ENDUTIH 20201. En el 2020, 91.8% de los usuarios de teléfono celular tiene un equipo inteligente (Smartphone). Y el 78.3% de la población urbana es usuaria de internet. En la zona rural la población usuaria se ubica en 50.4 por ciento.

Pensaríamos que tal tecnología nos acercaría, sin embargo, no siempre es así; se debe reconocer la falta de comunicación entre la pareja quienes tienen que realizar varias actividades durante la jornada diaria desde trabajar, atender asuntos personales y lamentablemente las horas que se pasan en las redes sociales, juegos, series, grupos, intereses, etc... hace que ficciosamente crean que no hay tiempo para la relación de pareja, para la atención de la familia. Desgraciadamente fijan su postura de forma equívoca ante el Otro y no intentan posicionarse en la posibilidad de mediar para ganar, ganar estableciendo un encuentro serio de presencia mutua que les enriquezca como personas, se les reconozca y perciban que son importantes a la mirada del Otro; que la existencia se hace presente y se puede confiar, ser confidente: Se reconoce a la persona como humana poseedora de virtudes y que a su vez le acompañan carencias con condiciones de potenciar y cultivar aprendizajes que hermoseen su ser, sólo si la reconciliación y el perdón es un ejercicio constante para el cultivo de la relación para el bien común.

Recuerda que habrá siempre personas, hombres y mujeres que van a desear lo que tienes, ya sean tus éxitos, familia, alegría, estatus, propiedades, cuerpo, piel, sentimientos... y más.

En tus manos está perdonar y reconciliar o separarse con entereza, integridad, dignidad y proseguir.

4.- LA ÉTICA

Este texto es para que llegue al micro-espacio familiar, a las calles, a las plazas y jardines, a los juzgados con la única pretensión de movilizarnos a pensar, a remover conciencias, a dinamizar estructuras institucionales en donde los trabajadores de todos los niveles se comprometan con la tarea que despliegan.

¡Libertad a los Niños!... ¡La Victoria es de Ellos!

Es un acto de valentía que se posiciona frente a las instituciones de poder para hacerse presente, es la voz que ha sido silenciada a la que poco o nada se le ha escuchado o a la que simplemente se le ha interpretado. De igual manera pretende dar certeza de que venimos a este mundo para ser libres, no más esclavos, no más narcisismoególatra carente de conciencia en donde el sí mismo ha desaparecido; por lo tanto, no hay empatía con el mundo que nos rodea, la infancia y la juventud han venido a esta Casa y Jardín de la Humanidad para ser feliz y no arrojados a un mundo inhóspito, destruido, acabado; éste *No* es el mundo –inhospitalario, cruel e inhumano- reservado a la potencia de vida que nace a este mundo; podemos hacer para ellos un mundo mejor.

Tristemente la infancia está siendo vilipendiada, interpretada, descalificada por quienes deben cuidarle y procurarle; no más a la caza furtiva de la libertad y la conciencia de nuestros niños, niñas y jóvenes; amar a la infancia es tarea de todos.

¡Respetad la Vida! ¡Respetad el Derecho!

Todo acto humano tiene un impacto en la vida de quien lo hace y de quienes le rodean, toda acción provoca una reacción, toda reacción proviene de una acción, toda causa tiene su efecto y todo efecto tiene su causa; de allí la importancia de conducirnos conforme a la ética de la vida, una ética pasional, viva, una ética profundamente sentida y vivida; una ética comunitaria, social, pensante y comprometida.

La ética debiese ser la vida misma y si es vida entonces tiene un código sagrado, un código que es misterio en tanto no es visible o percibido a los sentidos naturales del cuerpo humano; es un código sagrado bajo el cual se despliegan las hélices de la vida con una información que da cuenta de la huella histórica reservadas en las formas e informas de nuestras células de la vida; de allí que considere que la ética es la vida misma y puede expresarse en un acto de vida pensado justo para crear condiciones para una vida digna, respetuosa y apreciada.

La palabra ética proviene del griego ethos y significaba, primitivamente, estancia, lugar donde se habita; así que podemos decir que es el espacio que habi- (li) –to; que es propio, que puedo si lo decido compartir con Otro y habitar en comunidad, en acompañamiento, en unidad, reunidos en un todo.

Aristóteles afinó este sentido y a partir de él la significó como manera de ser y carácter, abriendo la posibilidad de educar y no instruir; educar y no disciplinar; educar y no precisamente desplegar un currículo homogéneo sino una educación poética esculpiendo la vida cual artista a su obra.

De allí que la ética vaya más allá de lo que significa la palabra moral traducida de la expresión latina moralis, derivada de mos (en plural mores) que significaba costumbre; pero las costumbres son diversas en los tiempos y espacios. Por lo tanto, no siempre le rige el bien común de la humanidad, sino que es contextual en el micro-espacio; por lo que no se trata de sobreponer la moral sobre la ética, sino que la ética de la vida debe ser mostrada como una forma de ser en este mundo.

En la vida cotidiana se habla de valores y antivalores y, por principio, los antivalores no existen; simplemente no hay valor; pero cuando hablamos de valores se alude también a una escala de valores como si se pudiesen graduar, medir, establecer una progresión secuencial, métrica, de escala valorativa. Resultando importante apreciar de dónde proviene la palabra valor, misma que se deriva del latín valere que **significa** "ser fuerte"; y ¿cómo podríamos mostrar el "valor" y el "ser fuerte"? si son conceptos abstractos, son incuantificables, imposibles de medir. ¿Cómo pasamos de lo abstracto a lo concreto?

Pensamiento, palabra y acción; la *acción* es lo que devela el brillo de lo que somos, el hombre que tenemos delante de nosotros, la esencia de quién es, o dice ser; descubre la cosmovisión que tiene del mundo, de sus emociones y sentimientos. Su actuar lo dice todo, solo tiene que prestar atención a sus actos, a sus acciones, a su palabra, a su mirada, a la forma en que se dirige su espíritu, su mente, su cuerpo.

Así que este texto proviene de una semilla que tenía su propia potencia y múltiples factores le hicieron germinar, aflorar, crecer; hasta dar a luz a la palabra que cuestiona, interroga, pregunta, las acciones de la Institución encargada de impartir justicia.

Este es un acto que intenta girar hacia otra dirección, una conversión en acompañamiento, en comunidad, con propuesta; esperando que este texto tenga una acción y un efecto de pensar la justicia desde la ternura, desde el corazón, desde lo que nos hace brillar; esa energía serenísima que es el amor.

El amor a la infancia, el amor a la vida, el amor a la inocencia, el amor a mi prójimo que está próximo y a aquél que está lejos, que está separado y no por la distancia sino porque lo que deja brillar no es amor a su hijo, a su hija… es otra cosa que tiene que ver con imposición, con exigencia, con descalificación, descrédito, injuria y más… Lamentablemente la justicia tiene cerrados sus ojos, hay que ser valiente para decir que se debe quitar el pañuelo y que permita a sus pupilas adaptarse a la luz, no vaya a quedarse ciega finalmente por la potencia del brillo de los niños, niñas y jóvenes que suplican no ser interpretados, sino sentidos en su presencia, en su expresión, en su gesto, en su mirada y palabra… No se trata de descalificar al padre o a la madre… se trata de salvar la vida, de cuidar de ella, de albergar cálidamente a nuestros niños y niñas en comunidad.

¡Respetar la Vida!

¡Libertad a los Niños! ¡La Victoria es de Ellos!

¿Quién habla en nombre de la infancia? ¿Quién vela por el derecho de nuestros niños y niñas? ¿Por qué tenemos que esperar la autorización de un Otro –Juzgadores- que no le ama más que Yo a mi niño, niña o joven? ¿Por qué se nos niega lo que la vida nos ha brindado, el nacimiento de un ser maravilloso en esta tierra y que nos nombra padre, madre, abuelo, abuela, hermano, hermana, tío, tía, primo, prima? ¿Acaso la Ley está sobre el Amor?

¡Libertad a los Niños! ¡La VICTORIA es de ellos! ¡NO A LA ALINEACIÓN PARENTAL

¿La Ley está sobre el derecho que les asiste a los niños y a sus padres y madres para convivir, jugar, dialogar y crecer? ¿Por qué nos hemos separado de nuestros orígenes amorosos? ¿En qué nos hemos convertido con la sociedad? ¿El Estado de Derecho existe? ¿En qué momento nos extraviamos y desorientamos?

Los que le dan vida al Tribunal Superior de Justicia enfrentan a diario cientos de casos, cuentan con poco personal, mucha exigencia, presión social. Pero desde afuera, desde la interpretación de un NOSOTROS padres, madres se lucha por la infancia y la juventud; se interpreta el accionar de los Juzgadores como actores no imparciales y es el momento en que se comienza a cuestionar a cerca de los fundamentos legales de las decisiones judiciales que se toman, se cuestiona la legitimidad de su ejercicio profesional, incluso, de su formación. Esta situación nos adentra a un terreno complejo, disputado y frustrante porque se presentan pruebas para dar certeza jurídica conforme al protocolo que exige el código civil y son desechadas, pese a que es complejo obtenerlas y verificar los medios para introducirlas en el proceso; se ven sujetas a subjetividades e interpretaciones de los juzgadores y por más razones argumentadas que se brinden y se presenten sobre hechos que se presentan y se aportan al proceso legal, se ven minimizadas, empequeñecidas y disminuidas por quienes dan vida a la norma, al código legal, a la institución misma.

¡Libertad a los Niños! ¡La VICTORIA es de ellos!
¡NO A LA ALINEACIÓN PARENTAL

Se pregona la ética y brilla el descompromiso, la indolencia y la injusticia ante la tarea que deben realizar; dejan de lado el corazón y la ternura, se pierde el rostro de la infancia, todo se reduce a una política administrativa de la vida; se avasalla a la niñez reduciéndola a la mínima expresión porque la infancia se estudia, se atiende, se le observa desde lo que el estado-nación considera importante para la administración de los cuerpos que nacen, crecen y mueren en esta sociedad utilitarista, capitalista, funcionalista, operaria de marcos legales, convenios, normas, reglas, evaluaciones, teorías, etc…

¿En manos de quién está la infancia? La vida está en manos de administradores, funcionarios, operarios o expertos y con ellos se juega el destino de la vida; es vida sagrada y otros que no les conocen deciden por ellos, otros definen sobre la paternidad y maternidad; se convierten en evaluadores encargados de interpretar al padre, a la madre, a los hijos desde diversas teorías del derecho, psicológicas, antropológicas, epistémicas, etc… Y desde allí se les categoriza con base a sus respuestas, se les analizan desde la tecno-ciencia diversos aspectos: su intuición, imaginación, sus explicaciones, las similitudes y discrepancias, sus carencias interpretándoles desde diversas teorías, indicadores, escalas, etc… La subjetividad del experto se hace presente, su historia, su formación, el discurso con el que está anclado y deviene el resultado en una serie de clasificaciones que pulverizan, desintegran, atomizan a la infancia; se pierden los niños y los jóvenes de carne y hueso.

El espíritu vivificante de la infancia se asesina de mil maneras y por poner algunos ejemplos traigo el padecimiento de mi propia experiencia.

La *NO VERDAD*

¿Cuáles es lo opuesto a la verdad? ¿Qué es la mentira? ¿Mentira y No verdad es lo mismo? ¿La realidad y la verdad son sinónimos? ¿Podemos llegar a mostrar la realidad y la verdad desde nuestra interpretación?

No es mi interés incursionar en un análisis formal de lo que implica filosóficamente lo antes cuestionado porque ni tengo la formación, ni es mi pretensión. Hablo desde mi singular interpretación de los hechos o realidad que se ha vivido desde la relación con un Otro en un espacio específico y que tiene que ver con la guarda y custodia de la infancia.

Por principio defino a ese Otro como un tremend@ mentiros@; basando mi afirmación en argumentos que presupongo y que se presentan al juez para dar certeza jurídica de lo que está aconteciendo con un hecho que se está viviendo, con una situación que se padece con un Otro que manipula, controla, utiliza y degrada a mi hij@, mi niet@, mi sobrin@, mi herman@.

Y que desde esta singular perspectiva ese Otro al que supuestamente le importa el cuidado, el arropamiento, el bienestar de la infancia, se encarga, en el fondo, de violentar, aniquilar, degradar a la infancia de diversas maneras.

Se demuestra fehacientemente con pruebas que se les acercan a los juzgadores, en tiempo y forma, mediante instrumentos que pueden validar, que ese Otro falta a la verdad, dice y escribe No verdades, falsea y testifica mintiendo para obtener una ventaja, una ganancia, un resultado.

Tristemente lo que es evidente es que se descubre —des-cubre (se cubre con un camuflaje ficticio de interés)- que lo menos importante es la niñez y la juventud, porque ese Otro distorsiona deliberadamente los hechos, hay una intención predeterminada para hacer daño, no hay ingenuidad e inocencia en el presupuesto de actuar en favor del bien de la infancia. Existe una predisposición a descalificar cualquier propuesta o convenio, preferentemente haciendo uso del artilugio de la trágico-comedia para re-victimizarse de eventos, situaciones, hechos que no acontecieron y que una y otra vez los utiliza para no enfrentar la realidad que conllevan sus acciones; no hay límites para utilizar cualquier no verdad, mentira, ficción, invención, u otros.

¡Libertad a los Niños! ¡La VICTORIA es de ellos!
¡NO A LA ALINEACIÓN PARENTAL

Le importa un bledo aniquilar la vida de a quien considera su enemigo, sus enemigos; no tiene consideración alguna de los niños, niñas y jóvenes que están siendo consumidos como mercancías, utilizados como producto de cambio monetario, a quienes se les obliga a mentir y que por su corta estancia en esta tierra sus experiencias de vida no les permiten tener plena conciencia de su impacto en su vida y en la de Otros —su otro padre o madre-. Su tierna edad no permite proveer la existencia de una perversión real, existente, probada, de quien se dice que es su protector, aun cuando se llame padre, madre, etc...

La ingenuidad propia de ser niño, niña le hace estar vulnerable ante la palabra amenazante del adulto que se impone por la fuerza asimétrica de altura, de control y dominio y no es que no puedan distinguir los niños y los jóvenes, sino que se les controla por el miedo que se les impone, por el odio al que se les incita, por el desprecio en el que se les instruye; disciplinando su tierno pensamiento con la inoculación inyectada por quien debería cuidarle, amarle y respetarle.

Su cometido de estas personas es aniquilar la vida...Es el deseo simbólico o metafórico, figurativo de la *EXPAREJA,* lo cual es inaceptable.

Lo sostengo porque a quién se le ocurre crear toda una situación perversa, todo un entramado nauseabundo para presentar denuncias falsas en reiteradas ocasiones y en distintas instituciones del Estado, quienes finalmente después de las investigaciones se cierran las carpetas por las Fiscalías Generales de los Estados, emitiendo formalmente: El "REGISTRO QUE AUTORIZA EL NO EJERCICIO DE LA ACCION PENAL –INEXISTENCIA DEL DELITO". Y todo literalmente escrito con mayúsculas.

Deliberadamente mienten y no tienen pizca de arrepentimiento porque la estrategia la repiten una y otra vez; siiiii…una, dos, tres, cuatro, cinco, seis, siete, y más… ¿Qué les pasa a estas personas? Y no conformes van desacreditando por todos los espacios a los padres, a las madres de estas inocentes criaturas y pierden toda humanidad y se transforman en seres híbridos, porque consumen todo a su paso; porque no se detienen a pensar ni un instante sus acciones. Ya no hay posibilidad de dialogar, se desertificó el terreno de llegar a una conciliación aun dentro de los juzgados.

Lamentablemente los formalismos establecen… *"las partes no llegaron a acuerdos"*, cuando dentro de los juzgados se sabe que a estas personas no les importa la conciliación, el diálogo, la puesta en la mesa de una propuesta para acabar con el conflicto.

Estas personas de todo y por todo generan conflicto, vibran en niveles muy bajos, sus energías son densas y peligrosas, hay daños que van más allá de lo físico, su actuar es tóxico por lo que la infancia no debiese estar bajo su cuidado en tanto el Estado no garantice la obligatoriedad de tomar terapia de apoyo emocional.

No estoy diciendo que se les niegue la paternidad o la maternidad…

Noooo… Jamás se debe separar a un niño, a una niña de sus padres, ambos tienen derecho a convivir, de disfrutar mutuamente su presencia; ambos padres pueden y deben participar en la educación de los hijos, de hacer tareas, de asistir a festivales, de llevarles a reuniones familiares, a saber que se les ama; tienen derecho a recibir el amor de familia.

Hay padres y madres que no deben acercarse a sus hijos cuando existen causales ampliamente probadas y de estos ejemplos hay muchos en el país, los vemos cotidianamente en los distintos medios de comunicación.

Este no es el caso, no es la discusión, en todo caso es la exclusividad que creen tener algunos padres y algunas madres sobre los hijos como si fueran la continuidad de sus cuerpos, la extensión biológica de sí mismos, la prolongación de sí mismos con la falsa creencia de que el niño, la niña siente las mismas emociones que el adulto, lo cual es imposible porque los niños, las niñas son amor, ternura, bondad, donación de vida.

La estrechez de un pensamiento y la estulticia de un actuar mezquino excluye deliberadamente de la vida de los niños y niñas, a personas tan importantes como es la madre o el padre y la familia secundaria –abuelos, tíos, primos-.

Lo más grave es que profesionales del derecho que conocen por formación de su carrera que no existe derecho a mentir, actúan desde la comercialización de su profesión y no desde el principio de la vida y la justicia. Si es bien cierto que nunca habrá justicia porque todo acto puede ser objeto su subjetividad, al menos se espera que se aproximen hacer brillar la justicia en nuestro país; esta gran nación llamada México florecería como el enebro en el desierto.

En todas las instituciones que imparten justicia debiese estar a manera de metáfora los lienzos del pintor flamenco Gerard David (1455-1523), *El Juicio de Cambises* y *El Desuello de Sisamnes,* y no para incitar a la violencia y la descalificación de los abogados y juzgadores; es la invocación hacer de la justicia el acto más justo posible, es la convocatoria de vivir desde la ética, de ejercer la profesión de abogado, litigante, jurista para el bien común.

Cuidemos a quienes cuidarán de nosotros en la ancianidad, eduquemos con el ejemplo, brindemos amor para recibir un acto de donación, de misericordia, de consideración cuando TU, YO y NOSOTROS seamos ancianos y no se padezca la violencia que se vive hoy en día en las familias, porque se ha menospreciado e irrespetado la vida, se ha violentado su inocencia, su pureza, su dignidad como infancia que piensa y siente y pide a gritos y sollozos ser escuchada.

Es mi deseo desde lo más hondo de mi corazón que hubiese una autoridad o persona que hable desde la sabiduría del alma a esos hombres y mujeres que niegan la paternidad y la maternidad a su expareja. Deseo que al pronunciar el misterio que guarda el verbo de vida hecho palabra convoque a la conciencia, invite a la reflexión, serene al espíritu desorientado y que con voz serena y cálida pudiese decirle:

Yo Soy el que Soy:

¡Tienes que parar ya! Es tiempo de hacer un alto en el camino, no puedes seguir violentando a tus hijos para vengarte de tu expareja. Toda energía lanzada al universo tiene su efecto. La infancia a la que se lemsilencia, manipula y se le miente... crece. Y perviven por siempre los recuerdos en su memoria, es un puente que los hace presentes y sabrán que crecieron con mentiras y engaños. La vida es un presente eterno, es un regalo del universo; respétala, apréciala, ámala.

La **INJURIA**

La injuria es una acción que degrada la dignidad humana, es un acto deliberadamente pensado, premeditado para acabar con la honorabilidad de una persona. Proviene del latín iniuria que significa injusticia. Y es la estrategia predilecta para manipular a los hijos y promover el rechazo a la figura parental ante el eminente divorcio para evitar toda convivencia, toda visita, relación, interacción o cualquier acto de comunicación con la expareja y los hijos.

El impacto de la injuria promovida por un ser que se muestra desalmado, cruel, perverso da cuenta de que no amó a la expareja; sino que todo pareciese ser conveniencia, acomodo, utilidad, provecho y beneficio para sí. Prevaleciendo el control, dominio, pertenencia, exclusividad, imposición y más; poniendo en jaque al contrato matrimonial que termina en lo contrario a su razón legal de ser.

El contrato matrimonial se disuelve y el rompimiento que no se acepta porque el Ego busca estatus, propiedad, herencia, manutención, sustento, comodidad… incursiona en una lucha fratricida, importando solamente lo que el EGO, dolido por el quiebre, atormentado al no existir respuestas, acongojado, desilusionado, busca el desquite con la intención de que el Otro sienta lo que un Yo siente.

Entonces en ese Yo no existe la posibilidad de la existencia de un Otro –expareja, hijos, abuelos, primos, hermanos, tíos- es un Ego cabezudo, hinchado con una imagen exagerada de sí;ególatra, egocéntrico que pasará por sobre todo y nada lo detendrá porque el rodamiento de un cuerpo circular impulsado por una fuerza rodará por todo espacio, hasta que encuentre un límite a la acción de su rodamiento.

Esperemos se detenga antes que sea tarde y reciba el juicio severo de parte del hijo o hija al que se le manipuló y rompió el corazón.
Exponer y obligar a la infancia a declarar mentiras, dar un falso testimonio, promover la no verdad tiene estragos muy graves en la vida de la infancia mayor que cualquier daño que se quiera hacer a la Expareja.

Las principales mentiras a los que se les obliga a los niños, niñas y jóvenes a declarar guardan relación con violación, abuso sexual, estupro, agresión física, psicológica y económica; robo, despojo, falsedad ante la autoridad, amenazas, etc…

Y quien tiene la guarda y custodia de los hijos utiliza el chantaje, la coerción, la violencia psicológica, la negación de los hijos, los continuos cambios de domicilio; los pretextos sobran para negar la convivencia, la interacción con los hijos y todo ello para hacer a la Expareja No Custodio un sujeto-sujetado, un sujeto-cosificado para infligir dolor por tiempos prolongados, continuos y sistemáticos; desembocando en una depresión y desánimo a proseguir luchando por la infancia por ser altamente desgastante en tiempos, esfuerzos, dinero y salud; impactando en la sana relación parental con el hijo, hija, o hijos.

La PROMESA

Somos energía que nace en la Tierra; fuimos plantados como semilla divina en cada espacio en el que se vino a nacer por un acto de unión, de acoplamiento armónico entre dos células que provienen de espacios y cuerpos distintos; cada una de ellas con información celosamente protegida porque se resguarda a la semilla sagrada de la vida que promete crecer. Es potencia y promesa de vida y con ello inicia la maravilla de crecer exponencialmente en el útero sagrado de la madre, compartiendo la energía vital misma que sirve de alimento y sustento a la unidad que en breve tiempo acaecerá a la tierra; allí el nuevo ser escucha el canto del corazón de una madre. El donador de la vida por excelencia se encarga de bombear la vida hasta el Ser que se entreteje en secreto, su belleza es de una magnitud inimaginable que se encubre reservando tal perfección para ser apreciada en su totalidad como notas que expresan el mundo superior, acercándonos poco a poco al corazón de la Fuente...

¡Libertad a los Niños! ¡La VICTORIA es de ellos!
¡NO A LA ALINEACIÓN PARENTAL

Le es brindado el sonido de la vida, el sentido espiritual, el misterio de la respiración de la vida y la vida se hace presente; la vida va desplegándose melodiosamente, dos corazones en armonía, dos almas compartiendo el cuerpo, pero distintos, singulares. Cada uno tiene su propia distinción, no es prolongación de la madre; es quien da albergue y cobijo, es el regalo de habitar el santo grial; es la creación del mundo superior materializado en el atrio que une el universo con la tierra.

Hasta ser formado en su excepcionalidad humana acercando la divinidad a este mundo físico, se le otorga la fuerza del Creador y con ello sus pulmones reciben el soplo de la vida entrando por la nariz el aire, el elemento que no se observa, pero se siente; experimenta la vida en el cuerpo físico para cantar la canción que permite alcanzar la ascensión como un himno que se repetirá cada día, mientras se encuentre en esta Tierra. De allí que la vida sea sagrada, por lo que su nombre expresa gratitud por hacer nacer el alma; todo está en paz aun cuando pareciese un caos el mundo en el que se nace; su camino se inicia, es el viaje de la vida que se emprende para recibir la luz del infinito sabiendo que tiene como garantía de que no está sól@, sino que en compañía será guardado...

Su nombre, VICTORIA, es la fuerza y el destino de vida que entona el canto de gozo, en ocasiones pareciese que está muy separad@ de su misión; pero la música le mostrará que la desesperanza, que el enemigo pretende someter; no es tal sino que su adhesión a la Fuente de Vida se hará presente para alcanzar el estado espiritual de la paz y la aceptación, sólo es el camino, emociones que timbran en distintas notas hasta despertar desde lo más profundo el despertar irradiando la alegría, el júbilo, el gozo, el propósito de la creación, la belleza expresada en el nombre que lucha y vence al mal… VICTORIA.

Tu nombre representa los atributos del Creador quien te dio la fuerza necesaria para afrontar los caminos, los senderos, los atajos, los desvíos –que mamá y papá han puesto frente a Ti (a todo niño, a toda niña, a todo joven que es silenciado, apartado del amor, a quien se le niega su distinción de ser quien es…)-; lo más importante es cómo empieza y cómo termina.

Tu pequeña mano tomará las cuerdas del violín y sus notas se presionarán con tus dedos, en tanto tu otra mano tomará las crines del violín y serán acompañadas por el Maestro; en la melodía de la vida no estarás sola, Él siempre estará allí, frente a Ti, dentro de Ti, entre quienes te rodean haciendo brillar tu luz, creciendo donde crece el amor de Dios.

Tú Eres el Vencedor, la Vencedora aun cuando pases los caminos más difíciles, aun cuando te hagan pasar por el miedo, el odio, la angustia, el dolor, la tristeza, etc. Tu corazón alcanzará la bondad, tu corazón podrá sentir la belleza del amor, descubrirás quién te ama; identificarás la luz que se irradia, también las sombras y las tonalidades grises, pero Tú tendrás la fuerza y la integridad que te da nombrar tu voz con fuerza. La VICTORIA se hará presente en tu vida y el amor brillará en Ti, porque es la energía que no puede ser degradada, acabada, no muere, sino que pervive para siempre; encontrarás el amor, aún en la noche más obscura de tu vida el AMOR te responderá y dirá: HEME AQUÍ, YO SOY EL QUE SOY... Y estoy contigo, dentro de Ti... somos uno.

TU, YO y NOSOTROS somos uno, alégrate, está escrito: Eres la Niña de mis ojos, te llevo cerca de mi corazón, debes escuchar en cada momento que no importa la circunstancia en la que estés; tu fuerza se encuentra en el canto de tu corazón, en el misterio de la respiración, en el reconocerte como un hermos@ Ser de Luz, eres la estrella; la conciencia que se observa en tus ojos, en tu mirada se revela el poder de la creación; no permitas que nadie opaque tu mirada.

¡Que ningún padre, ninguna madre rompa la inocencia, la ingenuidad, toda la pureza de su espíritu, de su cuerpo, de su aura, de su campo de luz! ¡Nadie apague esa luz, ni el canto de lo alto, ni el canto que purifica su Ser!

Nadie acalle tu suplica aun cuando las fuerzas estén en dirección contraria al amor, en dirección que proviene desde muerte hacia la muerte, sino que venga a Ti la fuerza que nace de tu corazón y la intención de tu corazón bondadoso se haga presente en tu vida, cantando hacia las estrellas que albergan y resguardan la existencia de la vida; que se abra la vida desde el universo, desde el cosmos hacia Ti; reencontrándote contigo mism@.

Si por alguna razón ya no se encuentra en este mundo físico la persona que te ama inconmensurablemente o ya no estamos quienes te amamos, recuerda que en donde quiera que nos encontremos cuidaremos de Ti; estaremos amorosamente para Ti cuando nos llames a consolarte, a acompañarte, a escucharte, a acariciarte. Haciéndose presente la presencia en el canto de las aves, en el viento que recorre tu piel, en la flor que roba tu mirada, en el beso que te acaricia, en la mirada que te bendice, en el abrazo que te alegra tu corazón, en la risa que eleva tu alegría, en el aroma que respiras, en la música que escuchas…

¡Libertad a los Niños! ¡La VICTORIA es de ellos!
¡NO A LA ALINEACIÓN PARENTAL

Escucha la melodía del amor, la melodía acompañada de la palabra que está allí de manera precisa.

¡VIVE EN LA ALEGRÍA! ¡LA VICTORIA ESTA EN TI!

¡SÉ FELIZ! ¡VIVE INTENSAMENTE!

¡TE AMO MI NIÑ@!

Melodies of Baal HaSulam

https://cutt.ly/oExzzxO

5.-UNA OPORTUNIDAD

Toda unidad de pareja nace de la atracción de dos fuerzas que se encuentran para amar…En el camino hay desniveles y en ocasiones se tropieza con hendiduras, piedras, raíces, grietas… Si se llega a caer el levantarse es más sencillo si alguien brinda la mano para apoyarse, siendo un gesto de solidaridad y de empatía; de tomar responsabilidad del cuidado por quien necesita ayuda si se encuentra en un estado de quiebre, si se está atravesando por un estado de obnubilación perdiendo el enfoque, el objetivo del camino. Pero se está allí para hacer más fácil el camino, menos solitario, menos frustrante; un poco de afecto viene a bien a todo corazón, a toda alma, a todo ser.

El caminar en pareja implica, en ocasiones, soportar —dar soporte, ayudar con la carga, con el peso a Otro- idóneamente al amad@; es difícil en ocasiones principalmente si hay desconcierto, desilusión, incluso si afloran sentimientos de traición, pero en cada uno hay la posibilidad de remontar la pendiente y llegar a un punto de inicio para comenzar de nuevo; siendo una elección propia y convencida de querer hacerlo.

Pero si el deseo es dar por terminado todo no importa cuánto suplique, nada bastará, nada, si la decisión está tomada, aun cuando se implore, ruegue, pida perdón, invoque al cielo y al amad@ una oportunidad; aun cuando todo pensamiento lo invoque en la palabra escrita y poetice los recuerdos y deseos, nada podrá convencer al amad@ de reencontrarse aun cuando haya niños, niñas de por medio.

La vida nos muestra cómo muchas veces las personas brindan oportunidades de reencuentro a Otros y no a quien muestra amor y deseo de proseguir en la relación, se prefiere en un acto de inconciencia dar a Otro, que ha cometido cualquier error por falta de experiencia igual o más grave que la pareja, una oportunidad y no al padre o madre de sus hijos. Esta decisión que resulta decisiva ya sea por no dimensionar las consecuencias, por no ser cuidadoso en la vida de la pareja y de la familia; no se dimensiona y se prefiere dar a Otr@ que quizás ha vivido situaciones más álgidas, más tormentosas, más cuestionables… pero se niega rotundamente a quien es el padre o a la madre de sus hijos… ¡Qué ironía!

También la vida deja apreciar que la separación viene porque no se observa reciprocidad, muchas veces en la relación no hay cuidado ni arropamiento, calidez o atención.

¿Cuál es la actitud con la que se encuentran cada día?, ¿cuál es la palabra que se pronuncia al hablar?, ¿de qué manera miro a ese hombre, a esa mujer que me dio lo mejor de sí y parte de su esencia está en esa hermosa niña, niño del cual soy padre o madre?

¿qué pasa cuando la pareja se encuentra ante el desabasto, la enfermedad, el desorden en casa; el cansancio con el que se llega después de la jornada laboral?; ¿qué sucede cuando el cuerpo cambia, se gana peso, canas, arrugas?, ¿qué pasa cuando aprecias las virtudes y afloran los desaciertos? Siempre hay esfuerzos por proseguir, quizá no se sabe cómo manifestarlos, pero cualquier acto de reunión debiese ser valorado justamente.

A mi querida ...
   Los momentos contigo y sin ti.

Velado con largueza en la distancia
Un cielo que se obnubila
Hundido sin mayor presteza
En una interminable tristeza
Pasan aquello días
En donde solo existe memoria
De tu infinita belleza.
Pero hoy volteo y miro
Despejándome de cobijo
Sin aliento o algún respiro
Supera al recuerdo más vivido
Tu rostro frente al mío
No sé si he muerto
Y he llegado al mismo paraíso.
J...

¡Libertad a los Niños! ¡La VICTORIA es de ellos!
¡NO A LA ALINEACIÓN PARENTAL

"Por Ti Volare" Andrea Bocelli
https://cutt.ly/4EiayQ1

Un halo de sol

Hoy las nubes se arremolinaban
Con una temible furia oscura
Ennegrecían todo el firmamento
Solo interrumpido con denuedo
Por los relámpagos y truenos
Que surcaban por los cielos
Sembrando el temor primario
De perder aquello tan amado
Pero tú eres la luz a que irrumpe
En aquel sombrío sueño
Eres mi sol, un cálido anhelo
La estrella que viaja en la noche
Brillando en el velo nocturno
Eres el aroma en la floresta
Una belleza que conquista
Al pensamiento más nihilista
Eres la diosa que me acompaña
En los largos senderos de la vida... J...

Ray Charles – I Can´t Stop Loving
https://cutt.ly/rEiaI9d

El que sepa leer, lea entre líneas el mensaje que se devela en cada verso, en cada nota, en cada canción que rememora al amor.

Para mi amada hija Victoria:

La vida es muy difícil sin ti.
Tú mami no me deja verte ni hablar contigo, me acusa de ser un monstruo.
Quiere destruirme, mi imagen, mi memoria y todo recuerdo positivo de mí.
Mi corazón lo resiente, duele y trasciende al fondo de mi alma.
El conflicto me ha abierto abismos en mi espíritu,
Me encuentro quebrado y sin ganas de continuar viviendo.
Soy un producto de malas decisiones, de impulsos sin pensamiento,
No obstante, no me arrepiento porque de esos impulsos naciste tú.
Nada de lo que sucede es tu culpa, es cosa de tu mamá y mía,
Ten la seguridad que eres y serás siempre amada.
Tú y tu hermana son lo que le dan sentido a mí vida,
La verdad es que yo ya me hubiera rendido hace tiempo y no lo he hecho,
Espero no hacerlo en el futuro aun cuando no pueda verte.

¡Libertad a los Niños! ¡La VICTORIA es de ellos!
¡NO A LA ALINEACIÓN PARENTAL

Sé que me necesitas o me necesitarás cuando venga el tiempo.
Yo espero que el tiempo ponga todo en su lugar,
al final tú serás el árbitro de tu propio destino.
Nadie puede dejar de hacerte brillar, brilla, brilla sin miedo a consumirte,
Que tú luz se vea por todo el firmamento.
Espero estar en primera fila aplaudiendo tus éxitos
Y apoyándote en tus fracasos.
Con todo mi amor, con todo el amor de padre, con todo mi ser...

TE AMO VICTORIA... Tu Padre Juan Felipe.

Todo un explosivo de emociones contenidas y expresadas con deseos de acallarlas y develarlas, con promesas y sueños; tristezas y alegrías, desesperanza y aliento de vida; así es la vida con todos contrastes y discrepancias. Qué razón tenía la tatarabuela Pebis... ¡La vida se vive como viene!

Aquí dejo tres canciones con las que identificó las emociones de tu Padre, mi amada Victoria, cada una con su distinción.

¡Libertad a los Niños! ¡La VICTORIA es de ellos!
¡NO A LA ALINEACIÓN PARENTAL

Merceditas Óscar Chávez
https://cutt.ly/BEEmez4

La alegría

Albinoni
Adagio in G minor. Karajan
https://cutt.ly/AEEmctm

Tristeza

The Beatle | All My Loving
https://cutt.ly/uEEQyLx

Esperanza

6.- DENUNCIA

Mi querida Victoria, lastimosamente no eres la única que está atravesando la separación y apartamiento de tu amoroso padre, a quien le duele hasta traspasar todo su ser y su alma; esta situación es desgastante y dolorosa, es una muerte silenciosa, la respiración se vuelve expiración, la luz se hace sombría, la esperanza está desesperanzada en su expresión más pura.

En todos los espacios y rincones de la tierra se erige la indolencia como trofeo de conquista desde una relación asimétrica, y no cualquier asimetría, sino que es de una altura ficciosa y definida por el ataque sostenido de exterminio, destrucción y extinción de cualquier presencia del padre o madre condenado a la frontera y cosificación de su Ser en sombra condenada a la obscuridad y a las tinieblas para arruinarle y sobajando a ese Otro en desventaja, menguando su presencia, desmantelando toda representación y todo signo de existencia y código de vida del padre o de la madre excluido deliberadamente a sostener una relación amorosa de quien brindara la semilla de la vida o fuese el Merkabá para hacer posible irrumpir en este espacio y tiempo de existencia.

¡Libertad a los Niños! ¡La VICTORIA es de ellos!
¡NO A LA ALINEACIÓN PARENTAL

Presento a continuación el grito de dolor de hombres y mujeres que lastimosamente han sido alejados y separados de sus hijas e hijos, su escritura es un símbolo de lucha y sobrevivencia ante el embate de la expareja propuesto y que tiene como objeto el aniquilamiento y muerte simbólica del padre o de la madre; deseando, no sólo en su mente sino en el centro de su ser, la muerte súbita e imprevista en la suposición de ser seres inferiores para compartir la guarda y custodia de los niños, niñas y jóvenes. Infringiéndoles y contraviniéndoles en todo hacer, en todo actuar; tipificándoles delitos, agresiones y amenazas por demás falsas, inexistentes, artificiales; señalándoles ante diversas instituciones de maldad, perversidad y vileza; connotaciones que les son impuestas desde la reducida mirada de quien fuera en otro momento el Amad@.

El corazón llora, el espíritu se aflige, se suspira el dolor desesperanzado de abrir nuevas posibilidades; de reunir lo infranqueable, inabordable, lo inaccesible que resulta el diálogo con quien ostenta la guarda y custodia de los amados niños, niñas y jóvenes que son rehenes y víctimas de la ignorancia y del sentimiento de tristeza convertido en resentimiento e ira; trasmutado en furia hasta el extremo de violentar la vida que va naciendo a este mundo maravilloso llamado Tierra y que por derecho les asiste el ser amados y cuidados por los padres y la familia.

¡Libertad a los Niños! ¡La VICTORIA es de ellos!
¡NO A LA ALINEACIÓN PARENTAL

Tiempo Perdido Javier Ginés
https://cutt.ly/CEEEEuq

Autorizado por Sandy;

Hoy mi hija se conectó por menos de 1 minuto a la convivencia solo para decirme que no quiere convivir conmigo mañana y ni ningún día. Mi corazón en frente de ella resistió, pero quedó destrozado. En septiembre del año pasado mi niña me buscó a escondidas, hablamos de manera hermosa, me decía que me quería, confiaba en mí cosas que le pasaban. Sin embargo, su papá la descubrió y le quitó el celular y correo electrónico. Ella hizo otro correo y me volvió a contactar, pero nuevamente la descubrió. Solicité la convivencia virtual, pero no se daban como tenían que ser, así fue hasta diciembre. Este año casi no se ha conectado, cumplió XV años y me agredieron tanto física como verbalmente su madrastra y papá, pero le dijeron que yo era la agresiva. Después de eso mi hija no se ha conectado más de 15 minutos a la convivencia, hoy fue menos de 1 minuto; ya no sé qué hacer, estoy destrozada a punto de darme por vencida. Sé que mi hija está alienada, pero no entiendo por qué me lastima de esta forma.

¡Libertad a los Niños! ¡La VICTORIA es de ellos!
¡NO A LA ALINEACIÓN PARENTAL

Autorizado por Patricia:

Soñé toda la noche contigo...

La primera vez que nos vimos, tu primera sonrisa, tu primera papilla, tus primeros pasos, tu primer partido de fútbol, tu primera enamorada...

Al despertarme estaba muy triste de ver cuántas cosas no he podido vivir contigo, ya casi 7 años sin verte mi PRIMER BEBÉ ♥.

Te amo con toda mi alma...

Autorizado: Fernando Ávalos

Hija:
Los juzgados están cerrados, la pandemia se acerca, la cuarentena apenas empieza y la distancia geográfica me separa.

No puedo acercarme en estos momentos, pero te envío estos consejos para que te mantengas segura.
Con papá también tienes un hogar y tienes gente que te ama, que quiere que estés bien y que te espera con los brazos abiertos.

Te ama papá

¡Libertad a los Niños! ¡La VICTORIA es de ellos!
¡NO A LA ALINEACIÓN PARENTAL

Autorizado CJ Merino

¡Mi querido hijo Santiago, siempre estás en mi corazón y aunque no hemos podido estar juntos, algún día tendrás mi versión, pero sobretodo, tendrás un papá (tu verdadero padre) que te quiere y te querrá siempre! ¡Ojalá tu madre reaccione un día y te permita tener el amor de un padre que siempre has merecido, es tu derecho! ¡Aquí en nuestra casa, con tu familia siempre tendrás una puerta grande para entrar y unos brazos cálidos para abrazarte! Ya son 6 años y hoy es un día menos para verte.

Te mando un abrazo fuerte en donde quiera que estés y te invito a reunirte conmigo el día que quieras. Debes saber que tu padre te AMA, que te he procurado hasta donde se me ha permitido y que mi versión es muy diferente a la que te han presentado.

Tienes padre de sobra y no importa todas las mentiras que te hayan dicho, aquí estoy para resolvértelas y dar respuesta a cualquiera de tus dudas. No existe persona más cínica y despreciable que aquellos que usan a un niño como carne de cañón como vendetta personal, se trate de quién se trate en cualquiera de las partes de un divorcio. Los padres se divorcian, los hijos NO.

Tu Papá... Carlos Merino.

Agradezco su tiempo y si les es posible compartir hasta que un día le llegue a Santiago.

¡Libertad a los Niños! ¡La VICTORIA es de ellos!
¡NO A LA ALINEACIÓN PARENTAL

Autorizado Oel Lona:

Alexa y Mía:

Hijas de mi alma me decidí a escribir esto con la ilusión de que algún día que ustedes tengan capacidad para hacerlo lo lean y sepan que hoy, en este día, pensaba en ustedes; primero quiero que sepan que las amo infinitamente. Segundo, que lamento que este día no estén conmigo y no por mí, eso sería egoísta, sino por ustedes que, teniendo su padre, sus amigas o primas les pregunten qué hicieron o cómo festejaron con su papá y no tengan que contestar; no es que su padre haya muerto, es que a su padre no le permitieron estar con ustedes y no porque su padre sea un delincuente o ustedes estén en peligro conmigo. El amor entre ustedes y yo está a condición desde hace más de un año al humor cambiante, al resentimiento y a consecuencia de no cumplir las expectativas económicas de su madre (pese a que un juez ya dictó dicha cantidad). Pude haber hecho las cosas distintas, pero me apegué a las leyes y ni ellas han hecho que yo pase este día con ustedes, sin embargo, para mí cualquier día que las vuelva a ver festejaré como si fuera día del padre, del niño, navidad, etc. Hijas cuando decidí separarme de su madre estaba seguro de hacerlo, pero por mi mente jamás cruzó la idea de alejarme de ustedes, por eso han sido estos meses de lucha y lo único que seguiré pidiendo es verlas.

¡Libertad a los Niños! ¡La VICTORIA es de ellos!
¡NO A LA ALINEACIÓN PARENTAL

No permitiré que me aparten de ustedes, con esto también quiero decirles que el día de mañana que ustedes no estén bien con su pareja y estén sintiendo que su vida no es como ustedes la querían, no tienen que atar a su vida a alguien que no las ama o que no aman; aquí estaré siempre para apoyarlas, para que retomen su camino y sean completamente felices. Nunca duden que las amo y le pido a Dios que su corazón no se les llene con todo el odio que les están sembrando y sé que no será así, pues cada vez que puedo verlas las he visto llorar cuando se dan cuenta de que las regresaré a casa y sé que eso es porque amamos y disfrutamos el tiempo que pasamos juntos. Algún día, en algún momento, si es que ustedes así lo deciden y las leyes nos apoyan, quiero llevarlas a recorrer el mundo, las amo mis princesas, feliz día.

Atte: Su papá

¡Libertad a los Niños! ¡La VICTORIA es de ellos!
¡NO A LA ALINEACIÓN PARENTAL

Autorizado por Alejandra:

Hola a todos, mi nombre es Alejandra y hace 3 meses que el papá de mis hijos los sustrajo de la casa y se los llevó, los arrancó de mi lado con mentiras; es el dolor más grande que pueden hacerte como mamá o papá, y si estoy en pie es por la gracia de Dios. Sé que todos ustedes entienden mi dolor porque están pasando por lo mismo, no puede ser que el odio de una expareja envenene a los hijos en contra de su madre o padre, a tal grado que tus hijos te miran de una manera diferente sin ellos tener culpa de nada; duele demasiado, pero seguiré luchando por ellos hasta que muera.

Dios los bendiga y gracias…Alejandra

Autorizado Omar

El jueves me notificaron que el domingo sería el primer encuentro con mi hijo y no lo llevaron. Estuve estos días planeando qué íbamos a jugar, qué cosas que le gustan le iba a llevar…. y siguen negándole el derecho a mi hijo, su derecho de estar con su padre después de más de un año y medio de que lo separaron de mí.

Con dolor… Omar

¡Libertad a los Niños! ¡La VICTORIA es de ellos!
¡NO A LA ALINEACIÓN PARENTAL

Autorizado Ricardo Benito

Tengo 4 años sin poder ver a mi hija, he solicitado por la vía incidental y por la vía ordinaria, incluso en plena audiencia, la modificación de la guarda y custodia y no han hecho nada; saben que la mamá se opone e impide la convivencia y ahora en pandemia decretaron convivencias por WhatsApp, como una burla... Son 4 años sin poder ver a mi hija...

Amaia tu papá te ama

Este Texto no lo pude rastrear por más que lo intenté, pero que me parece muy importante mostrar el dolor por el que pasa cualquier padre a quien se le separa de su hijo, la impotencia que siente el tener contra de sí un sistema indolente, injusto e indiferente.

Día 0. De la urgencia a la emergencia.

Mi estado de salud es muy delicado, hoy ya no pienso en que debo de luchar por mi hijo por el momento. Hoy tengo que luchar por mí niño, mi niño Interior y mi adulto exterior.
Hoy con toda la humildad debo de aceptar que la depresión y la ansiedad me han sobrepasado.

Con toda Humildad debo ir hoy al psiquiatra y con la terapeuta, y como decimos en México: " Me voy a partir la madre" (hacer mi mejor esfuerzo) por salir adelante.

Hoy pongo en manos de Dios a mi hijo para que lo cuide y se lo confío a su Ángel de la guarda. Y mi ejercicio de Sanación será perdonar a la sin nombre, a la desalmada, la psicópata, la narcisista. Mi venganza será amarla en el amor de Dios, perdonarla en el amor de Dios y bendecirla en el amor de Dios. Porque sé que esas personas existen y que no soy el único que una de estas, bien llamadas HDP, nos han quitado a nuestros hijos.

Yo y mis compañeros Padres que nos han quitado a nuestros hijos nos "vengaremos" siendo felices y siendo personas de bien para el mundo y la sociedad.

Día 0 "Todo lo puedo en Cristo que me fortalece" (Filipenses 4-13)

Julián Arturo (México).

¡Libertad a los Niños! ¡La VICTORIA es de ellos!
¡NO A LA ALINEACIÓN PARENTAL

El triste posteo de un padre que solo quería festejar con su hija…

A mi amada hija Delfina:

"Acá estoy en el cumple número 6 de mi hija .. no pude hacer mucho más que esto en sólo 3 días de preparación que me dijeron que podía festejarle el cumpleaños en mi casa!! APESAR DEL CORTO TIEMPO, hice todo lo posible por comprar la comida, candy, bar castillo inflable, regalos, invitados!! Todo hermoso quedó para mi gusto y por sólo tener 3 días de preparación... no dormí en toda la noche, nervioso por ser el primer cumple que yo solo me encargara de todo... me levanté temprano, anduve para todos lados. Llegó la hora, llegaron los nenes, jugaron, comieron y todos muy felices ...

MENOS YO... MI CORAZÓN SE DESTROZÓ POR DENTRO Y NO PARÓ DE LLORAR, SOLO ME FALTÓ LA INVITADA MÁS IMPORTANTE, MI HIJA♥ ".

"Que por motivos inexplicables de un minuto a otro me dijo q no iba a mandar a la nena", y no hizo nada más que apagarme el celular.".
"Nunca hice esto, pero hoy empieza una nueva etapa para mí".
"Y JURO QUE ESCRIBÍ ESTO PARA QUE EL DÍA DE MAÑANA HIJA, VEAS QUE PAPÁ HIZO TODO COMO TE HUBIESE GUSTADO A VOS... TE AMOOO".

Escribió: Jonathan Villan Padre de la Menor

¡Libertad a los Niños! ¡La VICTORIA es de ellos!
¡NO A LA ALINEACIÓN PARENTAL

Autorizado Michel Barrabás Ramos

Hoy se cumple 1 año y 5 meses sin ver a mi hija… Ya ni me acuerdo de su voz o su sonrisa. Intento no mirar sus fotos y videos porque siempre me pongo fatal… No más eso quería decir pues ya no sé qué hacer o cómo seguir.

Con el amor de papá

Autorizado Michel Barrabás Ramos

Hoy yo he decidido terminar con esa batalla, decidí irme temprano mientras todavía algunos pocos recuerdos de mi hija siguen en mi miente. Yo intenté todo en los últimos dos años y la justicia mexicana ni siquiera investiga el asunto, siempre he decidido que yo soy malo por haber nacido hombre. Me da mucho coraje, pero yo no voy a convertirme en la cosa que esa gente siempre dice que soy en sus mentiras. Ya no tengo gusto por vivir, mañana cuando abra los ojos seguro estoy que estaré feliz, tranquilo y tal vez Dios me permita ver a mi bebé un ratito antes de cerrarme la puerta. Fuerzas a todos ustedes que van a seguir sus batallas, que Dios les bendiga siempre. Si un día ese mensaje llega hasta a ti mi amor, quiero que sepas que siempre te amé y siempre estuve muy orgulloso de ser tu papá. Te amo, María Sara.

Cuando la tristeza invade todo espacio y tiempo...
Pensando en María Sara…Papá

Hay noches tormentosas y ampliamente dolorosas, los recuerdos hacen más difícil sobrepasar la penumbra, no hay palabras para describir el dolor que se siente; no alcanzan los pensamientos para pensar a nuestro hijo, hija que nos es arrebatado. ¿Qué mal hemos hecho para que los dioses se venguen de tal manera aniquilándonos en esta vida?; estamos como muertos observando y sintiendo cómo nos es arrebatada la vida, cuánto más tenemos que padecer; cuánto más tenemos que sufrir.

Al escuchar la letra de canciones como la que escribió Pájaro Nocturno, me permiten sentir-me human@ y tener un rayo de esperanza de que todo está bien.

Nightbirde It's Ok
https://cutt.ly/uEEOXyF

Algo muy grave está pasando en esta sociedad, se está viviendo dentro de una situación muy peligrosa a la que no se le puede observar desde dentro; es como si estuviésemos atrapados en un estado de control y dominio mental en donde las acciones no se piensan, se reproducen, se ejecutan. Solo somos piezas engranadas dentro de un sistema frío, duro, insensible, utilitarista, capitalista; la vida no vale, no hay aprecio y respeto por la vida ni de chicos, ni grandes.

¡Libertad a los Niños! ¡La VICTORIA es de ellos!
¡NO A LA ALINEACIÓN PARENTAL

Un Nosotros unidos somos las voces que harán vibrar el sistema de justicia para ser mirados y escuchados, basta de tanta frialdad, basta de tanta indolencia; es tiempo de cuidar y proteger a nuestros niños y niñas y jóvenes de esta Tierra.

Invoco a la Fuerza Creadora, a la Divina Fuente para que alumbre, dulcifique, y haga renacer el amor en el corazón de los padres y madres que nos imposibilitan amar a nuestros hijos; que niegan nuestra paternidad, que se encuentran en un periodo de no aceptación. Por ellos con mi corazón en alto suplico a mi Dios…

Padre Nuestro Original

https://cutt.ly/0EESulN

¡Libertad a los Niños! ¡La VICTORIA es de ellos!
¡NO A LA ALINEACIÓN PARENTAL

PADRE NUESTRO

Padre-Madre, Respiración de la Vida
¡Fuente del sonido, acción sin palabras, Creador del Cosmos!
Haz brillar tu luz dentro de nosotros, entre nosotros y fuera de nosotros;
para que podamos hacerla útil.
Ayúdanos a seguir nuestro camino
respirando tan sólo el sentimiento que emana de Ti.
Nuestro Yo, en el mismo paso, pueda estar con el Tuyo
para que caminemos como Reyes y Reinas con todas las otras criaturas.
Que tu deseo y el nuestro sean uno solo en toda la Luz,
así como en todas las formas, en toda existencia individual;
así como en todas las comunidades.
Haznos sentir el alma de la Tierra dentro de nosotros,
pues, de esta forma, sentiremos la Sabiduría que existe en todo.
No permitas que la superficialidad y la apariencia de las cosas del mundo nos
engañen y nos libere de todo aquello que impide nuestro crecimiento.
No nos dejes caer en el olvido de que Tú eres el Poder y la Gloria del mundo,
la Canción que se renueva de tiempo en tiempo y que todo lo embellece.
Que Tu amor esté sólo donde crecen nuestras acciones. ¡Que así sea!

Reflexión

Cuánto dolor hay en estas narrativas, cuánto sufrimiento han padecido hombres y mujeres de carne y espíritu; es inconmensurable la energía sostenida en esfuerzo constante para reencontrarse con sus amados hijos e hijas.

El amor no ha sido menguado pese a la indiferencia e injusticia, ni el descompromiso de las instituciones ha mermado la esperanza del corazón tierno de un padre amoroso, de una madre amorosa; y porque más allá de la vida y de la muerte, de las constelaciones más lejanas… Tú Eres el Amor que no se olvida, Tú Eres el Amor que no se apaga.

El amor sostiene esa fuerza que nos posibilita proseguir y abrir camino aún en medio de la tribulación, de la prueba de fuego, de los caminos anegados; allí está fielmente rememorando que el lazo es indisoluble e inquebrantable, nada lo alterará, nada lo destruirá.

El tiempo de los tiempos vendrá y mostrará develando la verdad porque nada puede ser ocultado, nada está reservado para siempre; la verdad germinará como crece la planta en el asfalto, como florece el arbusto en las cúpulas de las majestuosas iglesias de cantera, el viento y la tierra, el sol y la lluvia hacen posible el florecimiento.

Así florecerá como la acacia, el romero o el enebro en el desierto el recuerdo, la evocación, la memoria, la evidencia, el testimonio del Amor prodigado al hijo, a la hija que fue separada del amor materno o paterno; por la ce-razón de la ignominia deshumanizada en aras de la venganza.

Victoria, no sé si me alcance la vida para cuando leas y comprendas este texto que te escribo con la esperanza de que sanes tu mente y espíritu, quizás ya no esté a tu lado, pero has resonar la voz de tu nombre en todos los confines de la tierra. VICTORIA es el nombre cuidadosamente elegido como premonición del destino frente al camino, pero con la promesa de lo alto que tu espíritu se sostendrá sobre la roca de la verdad, que brillarás como el sol de mediodía, como el relámpago en la noche tormentosa y la fuerza del vuelo que tiene el colibrí.

Victoria, sostente y no te detengas, sé valiente y esfuérzate; así como a Josué le fue dado el mensaje hasta por seis veces: ¡Esfuérzate y sé valiente! tantas veces como sea necesario; pero has vibrar y resonar tu nombre, VICTORIA, en nombre de la infancia que es silenciada, ocultada, no hay signos de vida porque han sido cosificados, son el trofeo de la injusticia.

Tú y todos los niños y niñas harán hablar a los adultos que han padecido el ser apartados del amor de un padre, o de una madre; ustedes les darán el poder y el valor de luchar y elevar su voz para mostrar que a nadie se le debe negar convivir en santa paz con ambos padres.

¡Libertad a los Niños! ¡La VICTORIA es de ellos!
¡NO A LA ALINEACIÓN PARENTAL

Como niños y niñas que tienen la fuerza en su nombre, en su corazón, que destellan vida y que alumbran con su mirada y su sonrisa el corazón roto y entristecido de un padre o de una madre cuando se les permite ver… Ustedes brillarán y el Mundo los escuchará.

Victoria… Te amo…Tu Abuela Alicia

7.- VICTORIA LA ESPERANZA

Quiero iniciar con la canción que se renueva cada mañana en el Universo, la Canción de Amor, la palabra hecha acción, la que permite respirar el sentimiento más tierno y puro que nace en el centro de nuestro corazón...

Traigo a la memoria al canta-autor Facundo Cabral, quien nos invita a despertar cada mañana para agradecer al cielo la gentiliza de un nuevo día, la nueva oportunidad que nos regala el Universo porque siempre se puede comenzar.

Facundo Cabral "Hoy es un nuevo día"
https://cutt.ly/sEEFLH8

La esperanza nos permite esperar, estar a la espera de que venga a nuestra vida un Otro que deseamos llegue a nuestro espacio, a nuestro encuentro a nuestra vida.

En tanto esperamos, abrimos la posibilidad de que acontezca lo posible, lo deseado, lo querido; añoramos la presencia de ese SER a quien amamos… Yo a mi amada Victoria… Tú a esa niña, niño, joven a quien nombras hijo, hija.

La esperanza se expande, pero no para desintegrarse, sino para dar oportunidad a re-unirnos como Padres-Hijos, Abuelos-Nietos, Tíos-Sobrinos, Primos-Hermanos.

La esperanza, tiene ese sufijo de –anza; la misma que encontramos en confianza, alianza, andanza; es decir nuestro andar abre caminamos hacia la felicidad, al reencuentro cara a cara entre los pronombres –Yo, tú, él, nosotros- para mirar el gesto del amor en los ojos tiernos de la infancia y la juventud.

Ernesto Cardinal, la Cantiga dedicada a la Expansión…

Expansión

Las galaxias se alejan cada vez más de nosotros
y las unas de las otras
y nos alejamos también nosotros
en nuestro universo en dispersión.
Y estaremos cada vez más aislados.
El espacio más vacío cada vez.
Y cada vez más frío.

¡Libertad a los Niños! ¡La VICTORIA es de ellos!
¡NO A LA ALINEACIÓN PARENTAL

Cuando toda galaxia quede sola
sin vecino a la vista,
en ellas las estrellas se extinguirán una a una.
cada vez con menos estrellas para reemplazarlas.
Hundiéndose una a una en hoyos negros.
Y todo el universo se hundirá en hoyos negros.
¿O se juntarán otra vez todas las galaxias
cada vez con más fuerza como se separaron
hasta mezclar sus gases,
hasta que todos los átomos se compriman
y el cosmos vuelva al calor y al caos
del que salió?

Tú y Yo estaremos juntos, porque nos une el corazón y la energía del amor.

Pensando en Ti mi Niña, mi Niño.

Se juntarán los corazones con más fuerza que antes y los unirá el amor y la palabra, y la luz que recorre el camino de sus venas brillará en el reencuentro de abrazarse cálidamente, amorosamente, tiernamente; y volverá el calor ante la unión y ya no habrá más caos, ni dolor. Ya no habrá más miedo a la separación, la distancia se acortará; habremos aprendido el lenguaje del amor, el lenguaje cósmico del perdón. Renaceremos para crecer en unidad aceptándonos íntegramente, cuidando y protegiendo a la infancia y a la juventud de esta Hermosa Casa y Jardín llamada Tierra.

Hay hombres y mujeres que son pensamiento, acción y palabra; y esta es la esperanza, la confianza, la fianza en la que deposito mi espera. La Fe es la certeza de lo que se espera, la convicción de lo que no se ve; pero está allí ante nuestros ojos finitos un pequeño rayo de luz que devela la potencia de lo que puede acaecer al terminar este texto.

Autorizado Miguel Ayard:

Después de casi 5 años al fin pude reencontrarme con ellos, tienen recuerdos muy vagos sobre mí y mi familia, hermanos y mis papás; será un camino muy largo por recorrer para entrelazar ese vínculo que teníamos. Aún hay trabajo por hacer ya que solo se tuvo un acuerdo de palabra con la pareja de su mamá, ya que ella sigue muy renuente sobre nuestra convivencia, pero al fin se pudo volver a verlos y sobre todo que ya saben que cuentan con más personas a su alrededor.

Autorizado Ana Gabriela:

Y quien tiene paz, lo tiene todo...

Llevo aun sin concluir un proceso de divorcio por múltiples desacuerdos de temas materiales y de custodia, por lo cual aún no existe una sentencia aunque ya estoy más cerca a ese punto; sin embargo, les platico y hoy por hoy les confirmo que la paz de nuestros hijos depende total y absolutamente de nosotros, sus padres.

De nosotros depende la capacidad de dejar de lado cualquier tema legal y hacer lo correcto por el bienestar absoluto de nuestros hijos. Llevo tres años divorciada y no ha habido razón ni motivo alguno por que mis hijos hayan dejado de ver y convivir con su padre, nada se ha interpuesto al amor que se tienen.

Mi hijo pequeño tenía un año cuando nos divorciados y cuando sale la prevención de la juez para que convivan con su padre, el pequeño no quería ir (se escondía debajo de la cama o en las cortinas) yo le explicaba que era muy importante que fuera con papá a pasar unos días, porque también papá lo extrañaba y a pesar de que era muy pequeño, entendía que no estaba a discusión y no era opcional no ir a pasar días con su papá.

Han sido años de terapia psicológicas para ellos y para mí, donde ellos aprendieron a canalizar sus emociones y detener a cualquier persona que les dijera algo en contra de papá o de mamá (muchas veces me detuvieron a mí, muchas veces detuvieron a papá) y es que no nos damos cuenta de que los agarramos de saco de golpes o ponch a ellos, a nuestros pequeños hijos y no nos damos cuenta del daño tan grande que les podemos generar.

Personalmente he sanado y perdonado absolutamente todo lo que fue y eso me ha permitido ser una persona emocionalmente sana para mis hijos.

Hoy quiero compartirles que mis hijos se fueron a pasar unos días con su papá, ya que mañana es su cumpleaños y en la semana, mi actual pareja y yo, los ayudamos a prepararle y que le pudieran entregar un regalo a su papá.

La felicidad de mis hijos ha sido enorme, muy entusiasmados hicieron dibujos, colorearon y los ayudé a envolver sus regalos; se fueron radiantes ya agradecidos conmigo por ayudarlos a hacer lo necesario para que tuvieran algo que obsequiar a su papá y eso es lo más importante.

Definitivamente depende mucho de la salud emocional para que esto fluya, definitivamente sí depende mucho de la madre o padre custodio la sana convivencia con el otro padre. ¡Es nuestra total responsabilidad!

¡Y nada lo ha impedido, nada! ¡Ni un tortuoso divorcio, ni huracanes, ni la pandemia, ¡NADA, NADA justifica a esos progenitores que se sienten con derecho de mutilar a sus propios hijos! ¡Y sí, aunque no lo acepten están mutilando y matando lentamente a sus propios hijos! Cuando haces las cosas correctas, la paz mental y el alma es indescriptible porque les das esa paz a tus propios hijos.

¡Libertad a los Niños! ¡La VICTORIA es de ellos!
¡NO A LA ALINEACIÓN PARENTAL

¡Y quien tiene paz, lo tiene todo!

Andrea Bocelli, Matteo Bocelli - Ven a Mi

https://cutt.ly/MEEFfZf

Espero que este canto sea un canto de esperanza, que un día podamos decir a nuestro hij@: Ven a Mí y que cuando ellos así lo decidan digan Ven a Mí Papá - Mamá.

Espero que cuando el tiempo marque el encuentro como le ocurrió a Marina Abramovic en su Obra "La Artista está Presente", el silencio y la mirada se hagan contemporáneos en el amor y solo quede tiempo para escucharse con la mirada; de sentirse con la profundidad de los ojos, de sentir el aroma del amor al acercarse.

De pensar el irremediable tiempo que se dejó escapar con la posibilidad de aceptar el impacto de la distancia, las acciones, reconociendo la finitud de la existencia.

No hay palabras, solo la presencia del Otro, a través del tiempo y la distancia

Marina Abramovic "La Artista está Presente"

https://cutt.ly/6EEHxcv

¡Libertad a los Niños! ¡La VICTORIA es de ellos!
¡NO A LA ALINEACIÓN PARENTAL

Apreciable Lector:

Te invito a que coloques una fotografía de tu hijo, o de tu hija y escribas un pensamiento, una carta, una poesía, una reflexión…
Este texto hazlo tuyo; el nombre de VICTORIA es simbólico, y representa la victoria de nuestros niños, niñas y jóvenes que se encuentran silenciados, privados de amar y ser amados…

No te des por vencido; aun en la noche más obscura, en el campo de batalla en el que pareciese estar en soledad ante el enemigo que nos aguijonea con toda su fuerza. ¡Levántate, mira que te mando que te esfuerces y seas valiente! ¡Levántate y recupera la fuerza del espíritu que te hace ser un águila, jaguar, mariposa, colibrí u otro! ¡La potencia del corazón resuene en el canto de la vida por nuestros niños, niñas y jóvenes!

Escríbele un cuento, poesía, una prosa narrativa, canta para él, para ella; baila; has teatro, esculpe tu obra, pinta, dibuja, has cine, has vitrales, manualidades; periodismo, investigación, publica, ora… Has oír tu voz y la de tu hijo… Nadie nos detendrá, ni el sistema judicial, ni la corrupción, ni ese Otro que nos quiere aniquilar…

¡Libertad a los Niños! ¡La VICTORIA es de ellos!
¡NO A LA ALINEACIÓN PARENTAL

El AMOR nunca será derrotado, jamás será aniquilado… Y aunque en este momento no lo creas… Lo que hagas pensando en tu hijo e hija, nadie lo podrá destruir…

Respetuosamente: ALICIA GARCÍA ORTIZ

¡Libertad a los Niños! ¡La VICTORIA es de ellos!
¡NO A LA ALINEACIÓN PARENTAL

Mi Amad@ Hij@:

Pega la fotografía de tu Hij@

¡Libertad a los Niños! ¡La VICTORIA es de ellos!
¡NO A LA ALINEACIÓN PARENTAL

¡Libertad a los Niños! ¡La VICTORIA es de ellos!
¡NO A LA ALINEACIÓN PARENTAL

¡Libertad a los Niños! ¡La VICTORIA es de ellos!
¡NO A LA ALINEACIÓN PARENTAL

¡Libertad a los Niños! ¡La VICTORIA es de ellos!
¡NO A LA ALINEACIÓN PARENTAL

¡Libertad a los Niños! ¡La VICTORIA es de ellos!
¡NO A LA ALINEACIÓN PARENTAL

¡Libertad a los Niños! ¡La VICTORIA es de ellos!
¡NO A LA ALINEACIÓN PARENTAL

MENSAJE POSTUMO
DE BENJAMIN GARCÍA ESPÍNDOLA

Todos los días de mi vida he pensado en Ti; mi amada hija Carolina; no hubo un día en que no te amará y anhelara tu presencia; luche años para poder ser parte de tu vida, pero me fue negado el derecho de ser nombrado padre y a ti te fue arrebatada de raíz la posibilidad de ser amada por mí.

Nos quitaron el sueño de compartir momentos de alegría, de caminar juntos por el centro de la ciudad disfrutando la lluvia, el sol, el repiqueteo de las campanas, el sonido del viento que mueve las hojas de los árboles, el canto de las aves; el rezo de las iglesias.

Te quiero mi Niña, te Amo mi Niña, deseo para Ti lo mejor, vive plenamente tu vida.

Tu Padre Benjamín

Nota: Este es un mensaje es de mi amado Tío Benjamín García Espíndola, quien hizo lo imposible en los Tribunales de Justicia en Materia de lo Familiar en el Estado de Querétaro; para tener el derecho a ejercer la paternidad. Desafortunadamente los costos económicos, el desgaste emocional, la corrupción, la indolencia humana, la injusticia y el descompromiso... Lo derrumbó... así lo quiso su expareja...

¡Libertad a los Niños! ¡La VICTORIA es de ellos!
¡NO A LA ALINEACIÓN PARENTAL

Gracias

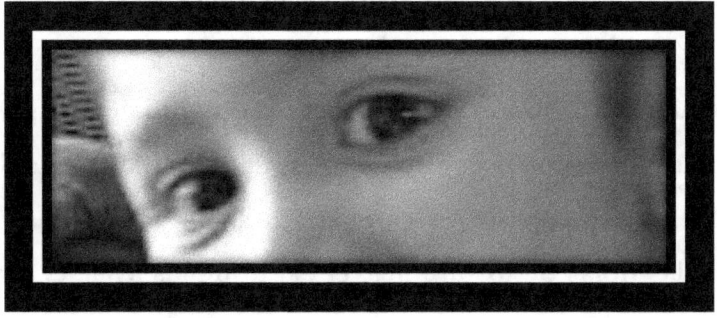

B.V.G.O.
04 de Octubre de 2016
Santiago de Querétaro; Qro.

¡Libertad a los Niños! ¡La VICTORIA es de ellos!
¡NO A LA ALINEACIÓN PARENTAL

www.ingramcontent.com/pod-product-compliance
Lightning Source LLC
Chambersburg PA
CBHW071521220526
45472CB00003B/1108